徜徉于我们的节日

主　　编　卢　焱

编　　者　郝培娜　邓　聪　马崇敬　许艳玲
　　　　　王江涛　白育烈　何　梅　呼延敏
　　　　　邢　莉　纪红敏　吕海花　王继英

学术顾问　牛文明　贾文涛

陕西师范大学出版总社

图书代号　JC16N1085

图书在版编目（CIP）数据

徜徉于我们的节日 / 卢焱主编. —西安：陕西师范大学出版总社有限公司，2016.8
ISBN 978-7-5613-8618-7

Ⅰ. ①徜…　Ⅱ. ①卢…　Ⅲ. ①节日—风俗习惯—中国—小学—教学参考资料　Ⅳ. ①G624.203

中国版本图书馆CIP数据核字（2016）第208147号

徜徉于我们的节日
CHANGYANG YU WOMEN DE JIERI

卢焱　主编

策 划 人 / 钱　栩
责任编辑 / 郝宇变　钱　栩
责任校对 / 曹克瑜
剪　　纸 / 王　茸
封面设计 / 浥林品牌设计
出版发行 / 陕西师范大学出版总社
（西安市长安南路199号，邮编710062）
网　　址 / www.snupg.com
印　　刷 / 陕西省富平县万象印务有限公司
开　　本 / 787mm × 1092mm　1/16
印　　张 / 13.75
字　　数 / 210千
版　　次 / 2016年8月第1版
印　　次 / 2016年8月第1次印刷
书　　号 / ISBN 978-7-5613-8618-7
定　　价 / 29.00元

节日的文化呼唤

张新科

孔子说："移风易俗，莫善于乐；安上治民，莫善于礼。"(《孝经》)五千年的中华文明之所以灿烂辉煌、延绵久远，关键就在于传统文化的生命力、凝聚力与影响力。尤其是中国独具特色且富有人文韵味的礼乐文化，更是维系了中华文明的稳定性与长久性。以节日为代表的文化小传统，既保存和承接了传统礼乐文化的内核，又拓展和延伸了传统礼乐文化的影响。遗憾的是有些民俗文化正面临着日趋消亡的危机。因此，弘扬中华优秀文化，凝聚中国力量，既要重视文化精英开创的文化大传统，也要重视民间力量创造的文化小传统。这应该也是当下一切文化工作的重要任务之一。

近年来，随着中国社会的飞速发展，文化软实力的建设成为整个社会关注的焦点之一。为此，党和相关政府部门，以及文化界做出了不懈的努力和积极的探索。《完善中华优秀传统文化教育指导纲要》《关于全面加强和改进学校美育工作的意见》正是这些努力的集中体现。一大批有关民俗文化传统文化的图书如雨后春笋般地涌现出来。但这些图书令人在欣慰之余，不免有些美中不足。比如有的失之肤浅，有的失之粗糙，有的失之深奥。因此，我们更加迫切地呼唤着能真正涵盖传统文化精神与内涵的精品普及图书。陕西省特级教师卢焱与杨晓蓉等牵头主编的《徜徉于我们的节日》《穿行在纪念日里》两部书稿，以节日文化为基石，立足于文化教育，结合地域文化特点，兼重于学以致用，比较全面和系统地介绍了中国重要的传统节日与纪念日，是一套不可多得的精品图书。

这套书稿以传统节日和纪念日中的春节、元宵节、建党节、国庆节等为载体，以节日由来、传统习俗、节日活动、节日回望与思考等为主要内容，搜罗万象，精心筛选，深入探究。本套书最大的特点就是由表及里、由浅入深，逐步挖掘节日文化的内涵。具体而言，主要体现在三个方面：

其一，深入浅出，寓教于乐。书稿力避艰涩深奥，抓住学生的童真心理，文不求深，通俗易懂，以生动活泼的文字介绍了传统节日和纪念日的文化特征和与之相关的庆祝活动。不独如此，全书还配以丰富多样、童味十足的插图，让孩子们在轻松自由的氛围中，既充分了解了节日中的地域文化，又初步涉猎了传统典籍，可谓一举两得。

其二，智育培养与美育提升并重。19世纪英国著名诗人、文学和文化批评家阿诺德说："文化所追求的完美以美与智为主要品质。"书稿在提高学生的知识水平同时，还引入了许多与传统节日与纪念日息息相关的文化形态，比如风俗礼仪、童谣歌曲、饮食文化、天文历法、诗词文章等。这一切皆在某种程度上对学生的文化性格和情感认知的形成，有着积极的促进作用。

其三，知行合一。书稿重在培育和提高学生的认知水平和动手能力。比如书稿在写作训练和动手实践两大板块中，不仅以素材收集、范文欣赏、佳作摘录等，启迪和开发学生的智育能力，还以例文相析会等多种灵活多样的实践形式，注重学生动手能力的提高与培养。这在很大程度上弥补了目前我们学生眼高手低的不足与缺陷。

文化教育环境对青少年的成长至关重要。"文化自信"需要一大批有水平、有高度、有力度的图书改善我们的文化教育环境。我们深切地盼望着，出版界能多出像《徜徉于我们的节日》《穿行在纪念日里》这样的文化精品，让孩子们在听说读写、饮食娱乐中，既能充分理解中国节日文化的深邃与丰富，又能深入感悟节日文化的辉煌与魅力，并且从中汲取有益的营养，健康茁壮地成长为民族文化建设的后备生力军。

2016年6月于古城西安

张新科　长江学者、陕西师范大学文学院院长

中国传统节日的学习手册与实践指南

阎建滨

近年来，我国对传统节日更加重视，不仅将清明、端午、中秋作为国家法定节日，而且，随着国人走向世界的步伐加快，中国经济在世界的崛起，中国年、中国节也日益在世界各国传播开来。

中国传统节日是中华民族一代代传承下来的，犹如奔流不息的长河，生生不息，代代相传，寄予着整个华夏民族的节日习俗与价值理念，凝聚着每一位炎黄子孙的共同精神。节日是永不熄灭的火，是欢庆的锣鼓，是燃烧的激情，是华夏民族的集体无意识，是炎黄子孙的DNA，是铭记在每一个中国人身上的童年记忆。所有中国人，无论走多远，每个足迹都留有节日的印记，身上都铭刻着民族的节日记忆，心中都留存着节日习俗的DNA。所以，节日传承需要在童年种植记忆，节日传承应该从校园抓起，这是我们传承的根，根深才能叶茂，节日的根一定要扎深。

由特级教师卢焱女士主编的《徜徉于我们的节日》一书，不仅让我眼前一亮，而且令我浮想联翩。这是一本彻头彻尾由校园老师编写的书，针对学生的一本中国传统节日书籍。书中新颖的体例，丰富多彩的内容，充满趣味性的话题与游戏，耳熟能详的节日诗篇，知名作家的感人美文，身边师生写的节日例文，以及丰富的节日实践课……都令我喜出望外，完全超出了我对这本书的想象。应该说，在目前出版的中国传统节日书籍中，本书才真正意义上是接近校园青少年的书。

本书从主编到参与每个章节的编者，全部都是一线优秀教师，我完全可以体味，老师们对学生作文最稀缺的东西是多么的了解。因此，这本书与其说是一本介绍中国传统节日的书，不如说是一本学生从中国传统节日中吸取丰富营养的学习指南。每个与节日相关的知识链接、诗词美文、趣味游戏，都有涉及。可谓一册在手，中国传统节日的精华尽揽！书中的叙述也是尽量轻松的，加入了“泡泡”的导引，书的节奏更加明快。

读而习之，是中国人教育的精华。对学生来说，不仅要从这本书中了解到中国传统节日的相关礼仪习俗，更重要的是领悟习俗背后的文化内涵。正因为此,学而习之十分重要。值得称赞的是,本书的“传统节日实践课”板块。让每个学生都亲自动手实践传统节日的内容：做风筝、做月饼、祭屈原、过重阳……每一次的动手，都会对我们的节日有一份深入体验、深入了解、深刻体悟。习而久之，就成了习惯，对节日习俗更加了解，对家国情怀感受得更加深远！

传承节日文化是我们的责任，作为中国传统节日的研究者，我为这本书的问世而骄傲。尽管书中还存在一些可以商榷的地方，但毕竟是一本具有创新意义的新书。愿编著者在今后不断完善之。

2016 年夏于西安

阎建滨　陕西节庆文化促进会常务副会长、西安市文史馆研究员

以节日的名义共享成长

卢 焱

这是一本契合时代精神旨在文化育人的书。当前，中华民族正在努力实现伟大复兴的进程之中，民族的复兴首先要建立在自觉认同本民族优秀文化的基础之上。中华传统文化源远流长，博大精深，蕴含着丰富的哲学思想、人文精神、生活智慧、教化理念等。而传统节日是传统文化的重要载体，它不仅集中体现着中华优秀传统文化，而且与社会主义核心价值观有着内在的契合。

作为一名基础教育工作者，我深感教育的使命之一就是文化的传承，文化育人在教学中应该得到实现，使学生深受文化，特别是本民族传统文化的深厚滋养，成为有高度文化自觉的中国人。这是我们编撰此书的出发点。

这是一本可以与孩子共同阅读的书。本书站在学生的立场，从文化的角度，关照传统节日的精神内涵。我们整合了庞杂的传统节日资源，设计了“华夏文化传承节日、多样习俗守望节日、韵味诗词诵读节日、名家名作感悟节日、笔下生花练写节日、动手动脑体验节日、节日回望与思考”等七大板块。这七大板块，不仅追溯传统节日的由来渊源，还挖掘传统节日的文化内核；既注重通过审美鉴赏和动手实践体验节日，又紧密联系生活情境理解与传承节日。可以说，这是一本为方便学生、老师和家长走进传统节日，深入了解中国优秀传统文化的读本。

这是一本契合生活节律，与生活同步的书。民俗学家张钢说：“节日是和人们日常生活互补的精神生活节点。过节的目的是和日常生产、生活节律相呼应,以此来安顿精神”。中国传统节日大多源于节气,与天气、气候、物候、农事等密切相关。四时的节日和谐有序，错落有致，人们的劳作与生活随之有节律地进行着，人与自然达到了融洽的互动。可以说，中国的传统节日充分体现了先人尊重自然节律，顺应自然时序，追求天人和谐的观念。

这是一本蕴含着中国人文化基因，彰显着精神家园的书。春节之喜庆、清明之缅怀、端午之追忆、七夕之成全，中秋之团圆，重阳之尊老、冬至之期盼、腊八之利生等等，作为一个完整的民族体系，中华传统节日蕴含着热爱生命、追求健康的人本精神，表达着以人为本的精神基调。

节日赋予我们力量，节日赐予我们智慧，节日安顿了我们疲惫的身心，节日重新点燃了我们生活的希望。以节日的名义，让我们凝聚在一起，在一起温习、在一起积累、在一起增加我们的缘分；或许明天我们将各奔东西，但至少在此刻我们共享了节日的欢乐和祥和。

本书在写作过程中受到陕西省基础教育重大招标课题“完善中小学中华优秀传统文化的课堂教育与实践教育研究”（课题编号：ZDKT1414）、陕西省中小学、幼儿园教学名师工作室立项课题“传统节日课程建设与教学实践研究”（课题编号：MSKT1511）资助，也是上述两项课题的重要成果。

2016 年 8 月

目录

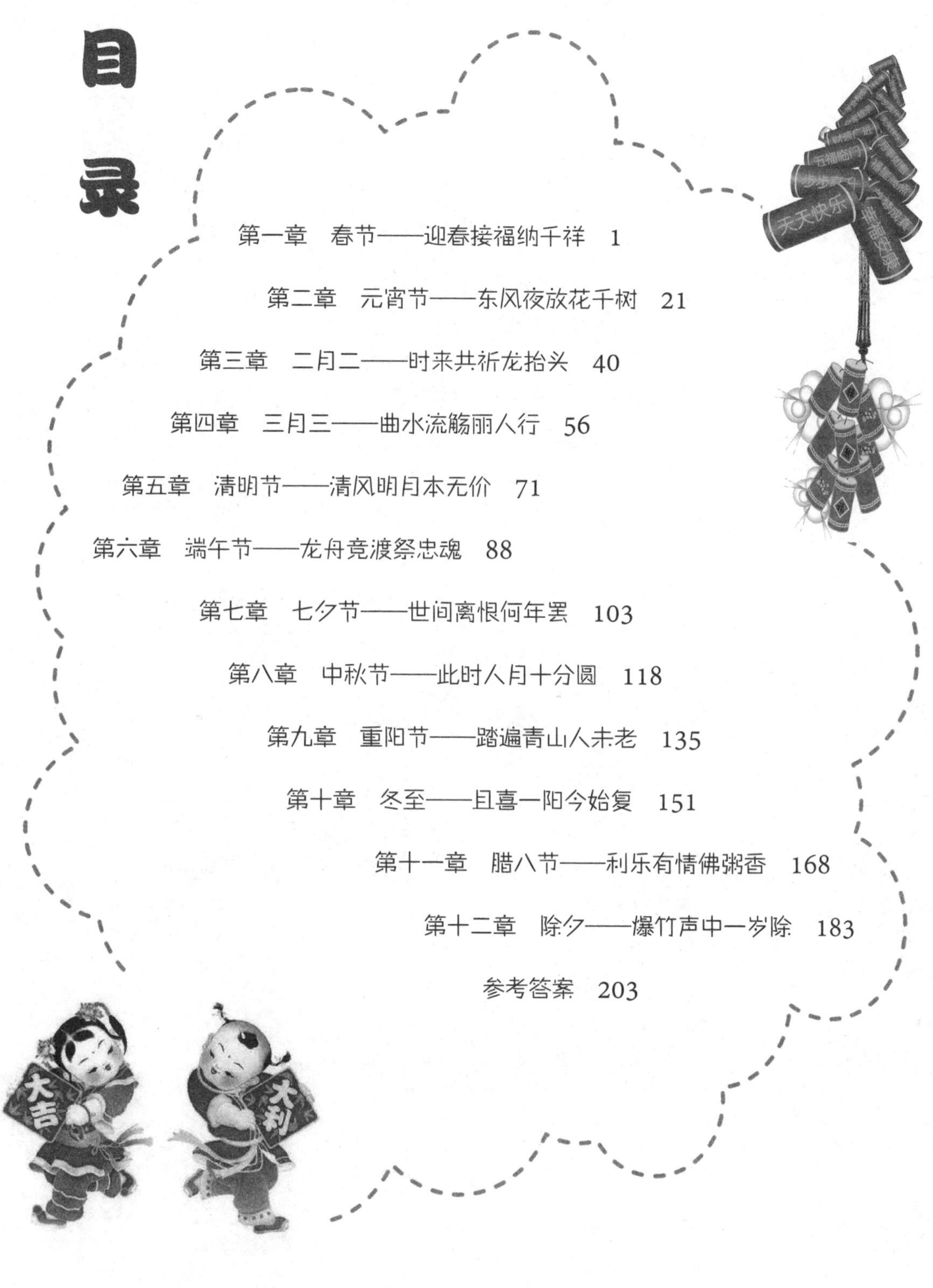

第一章

春节——迎春接福纳千祥

让我们走进春节，共同感受中华“和”文化传统之美。

中华传统文化以“和”为贵。值此寒尽春生之际，人们换上新衣，张灯结彩，辞旧迎新，祭祀天地先祖。与天地同春，体现了人与自然的和谐。

家和万事兴。阖（hé）家团圆和面包饺子，“和”与“合”谐音，圆圆的饺子皮儿象征着团圆。不论是晚辈给长辈拜年，大人给孩子压岁钱，还是亲友乡里之间“一声恭喜，互泯恩仇”，祝福他人，和睦相处，体现了人与人的和谐。

春风和气，和气致祥。这是万物复苏的时节，充满希望的季节。一年之美好由此开始。

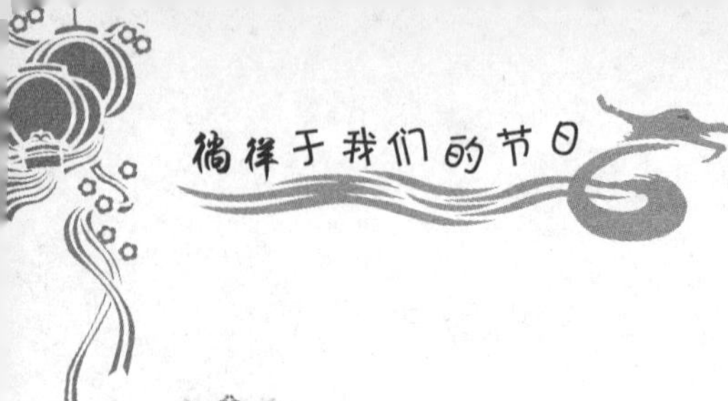

华夏文化传承节日

年的传说

很久以前节令很乱，人们因拿不准节气常误了种田。有一个以打柴为生的小伙子万年，有心把节令定准。

一天，万年上山打柴，看到树影移动突然受到启发，便制了一个日晷（guǐ），通过测日影来计算一天的长短。后来，“滴哒”有节奏的山泉水给予万年灵感，于是他又制了五层漏壶。从此，他测日影，观漏水，终于发现：四季轮回一次大约 360 天，如此循环往复。

当时的天子祖乙正为节令之事着急，见万年带着日晷和漏壶来见，不禁大喜，即令在天坛前修建日月阁，筑日晷台，造漏壶亭。希望万年能测准日月规律，创建历法，造福天下黎民百姓。

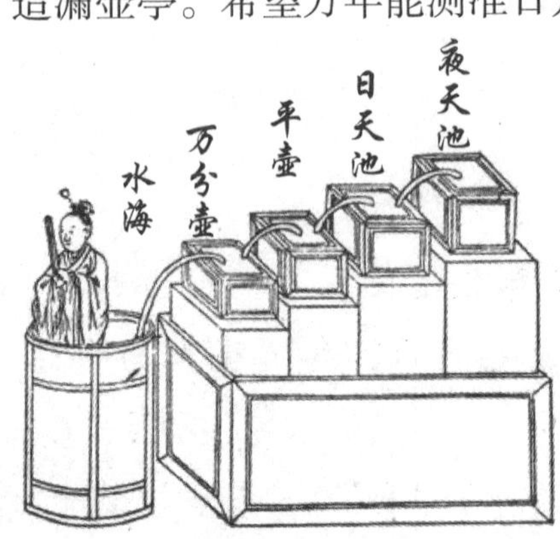

一日，祖乙见日月阁石壁上刻着一首诗：“日出日落三百六，周而复始从头来。草木枯荣分四时，一岁月有十二圆。”祖乙知道历法已成，立即亲自看望万年。万年指着天象说：“现在正是十二个月满，旧岁已去，新春复始，望天子定个节吧。”祖乙说：“春为岁首，就叫春节吧。”

据说这就是春节的来历。

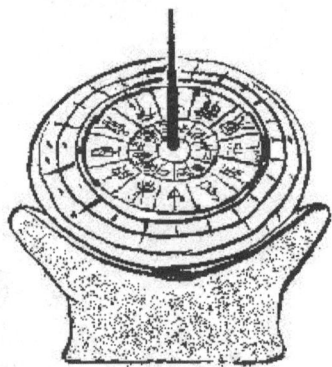

其实“春节”的叫法是后来的事情。在 1912 年之前，中国的春节是从立春这天开始算的，辛亥革命后，倡导西历，公历 1 月 1 日叫新年，将农历正月初一，叫农历新年。袁世凯因农历新年临近立春，所以称之为“春节”。新中国成立后，将公历新年叫“元旦”，农历新年叫“春节。”

日复一日，年复一年，万年经过细心观察草木的荣枯，精心推算出了时辰的变化，并制定出历法——太阳历。天子深为其感动，下旨将太阳历定为“万年历”，封万年为日月寿星。因此，人们也把春节称作“年”。逢过年之时，家家挂寿星图，象征着新岁添寿，同时也表达了对万年的敬仰之情。

多样习俗守望节日

包饺子

饺子最早叫娇耳，始于汉代张仲景“祛寒娇耳汤”的故事。春节包饺子、吃饺子是我国汉民族最为盛行的一种过年方式。

每逢春节，离家在外的游子不远千万里都要赶回家和家人一起和面包饺子过大年。“和”有“合”之意；子夜是一天的结束和新一天的开始,此时吃饺子取“更子”之意;又“饺”和“交”谐音,“合”和“交”有相聚之意，故称“饺子”。

除夕夜全家人聚在一起包饺子吃饺子，既象征团聚合欢，又取“更岁交子”之意；而饺子形似元宝，也有“招财进宝”的吉祥含义。

年　画

年画是我国古老的民间艺术，运用象征、寓意、谐音的手法，以美好形象反映吉祥内容，反映了人们朴素的风俗和信仰，寄托着人们对未来的希望。浓墨重彩的年画不仅给千家万户营造了节日的喜庆气氛，更给人们平添了许多欢乐与祥和。

年画，构图丰满，色彩明快，富有装饰性。不同地区的年画风格殊异、百花争艳，具有浓郁的乡土气息。年画再配以大红对联和玲珑剔透的剪纸，把节日环境装饰得花团锦簇，大大丰富了人们的精神生活。

开门炮仗

（西安市翠华路小学　郝培娜）

“开门炮仗”是汉族传统年俗。农历大年初一凌晨，天刚蒙蒙亮，人们便起床了，家家户户第一件事就是争先恐后打“开门炮”，炮响连天，开门大吉。一片爆竹声，象征送旧辞岁和迎新接福，俗谓“接年”。大家在听谁家的炮响声大，响的时间长，看谁家的礼花靓丽、品种多。预祝新年吉祥如意，兴旺发达。

爆竹声后，碎红满地，灿若云锦，称为“满堂红”。这时满街瑞气，喜气洋洋。

拜　年

大年初一起床后，第一项活动就是拜新年。先鸣炮焚香，后拜祭先祖，然后按辈分大小依次拜新年，祝贺新春佳节。

家里的拜年活动结束后，便向左右邻居、本家户族去拜年。人们见面时，彼此问候说“过年好”“恭喜发财”。

从正月初二起，家家户户都要去亲戚、朋友家拜年。先向舅舅家、丈人家拜年，然后向姑家、姨家拜年，再按亲疏关系一一拜年。

拜年的礼品有厚有薄。关中地区一般送礼馍（花花馍、油塔、包子），外加水晶饼；陕北送黄米糕、油炸果、酒、肉等。

迎财神

“正月初五上炷香，一年四季财源广；正月初五摸元宝，大钱小钱用不了；正月初五请财神，家家户户财源滚；正月初五神进门，五谷丰登福满门。”正月初五，俗称“破五”，这一天清晨燃放鞭炮——迎财神。

民间传说正月初五是财神的生日，所以在财神生日这天各家会置办酒席，为财神贺辰，迎财神。按照旧俗，春节期间大小店铺从大年初一起开始关张，到正月初五这天，再重新开张。闻鸡鸣即起，放鞭炮，在招幌(huǎng)上挂红布，共喝财神酒。祭品中必须有一条大鲤鱼，“鲤”为“利”的谐音，故称该鱼为“元宝鱼”。初五早上必有叫卖元宝鱼的，各店铺争购，用线穿鱼脊并挂在房梁上，鱼头朝内，身上贴红纸元宝，寓意可以“招财进宝”。而这接财神的活动，寓意着新年财运亨通，福星高照。

初五“迎财神”是民间广泛流行的一种习俗，大家满怀发财的希望，但愿财神爷能把金银财宝带来家里，在新的一年里大发大富。

逛庙会

庙会是中国民间广为流传的一种民俗活动。庙会多设在庙内及其附近，进行祭神等活动，所以叫“庙”；又由于小商小贩们看到烧香拜佛者多，在庙外摆起各式娱乐和购物小摊赚钱，进而成为定期活动，所以叫“会”。久而久之，“庙会”也成为人们节日期间重要的娱乐活动。

在庙会上，可以见到不少民俗活动，如耍社火，包括狮子、龙灯、高跷、竹马等。还有许多丰富多彩的街头表演，

如玩杂技、耍猴、演木偶戏、变戏法等，应有尽有。

庙会上的风味小吃和小玩意也是应有尽有。冰糖葫芦、莲子羹、糖糕、油酥饼、炒凉粉……热腾腾，香喷喷，让人垂涎（xián）三尺，从早到晚都挤满了急于大快朵颐（yí）的食客；戏剧脸谱、木头做的红缨枪、关王刀、金箍（gū）棒，各种制作精美的风车、糖人、面人……精美繁富，极富民俗趣味，吸引着孩子们的眼球。

春节童谣

新年到，穿新衣，戴新帽；
舞龙灯，踩高跷，迎财神，财气到。

新年到，贴花啦，满窗子，都红了，
贴个猫，贴个狗，贴个小孩打溜溜，
贴个老爷吸烟斗，贴个没牙老太街上走。

新年到，过年好，人人见了微微笑：
祝您新年身体好，一声祝福暖心房。

趣味闯关

第一关：春节烟花朵朵开（在烟花上写入你所知道的春节习俗）

第二关： 春节对联连连看

春满人间欢歌阵阵	万水千山尽得辉
五湖四海皆春色	绿柳吐絮迎新春
红梅含苞傲冬雪	丰收报喜喜上眉梢
佳节迎春春生笑脸	福临门第喜气洋洋

第三关： 春节灯谜猜猜玩

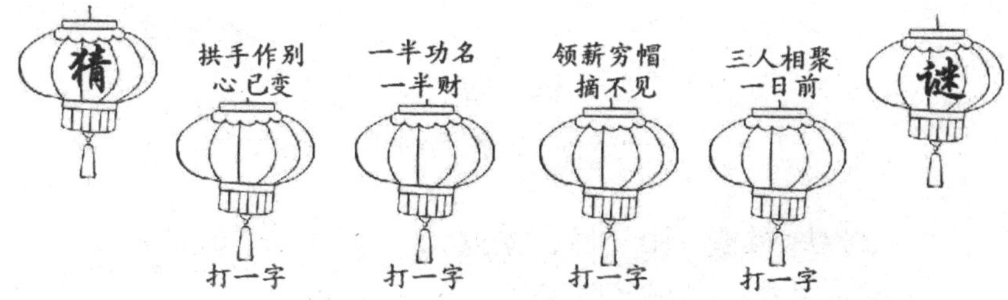

猜
拱手作别
心已变
一半功名
一半财
领薪穷帽
摘不见
三人相聚
一日前
谜
打一字
打一字
打一字
打一字

韵味诗词诵读节日

元 日[①]

（宋）王安石

爆竹声中一岁除，
春风送暖入屠苏[②]。
千门万户曈曈日[③]，
总把新桃换旧符[④]。

（西安市翠华路小学　郝培娜）

【注释】

① 元日：指农历正月初一，即春节。

② 屠苏：即屠苏酒，中国古代春节时饮用的酒品。屠苏是一种草名。也有人说，屠苏是古代的一种房屋，因为在这种房子里酿的酒，所以称为屠苏酒。据说屠苏酒是汉末名医华佗创制而成的，其配方为十几种中药入酒浸制而成。

③ 曈曈日：光辉灿烂，日出时明亮的样子。

④ 桃符：画着门神或题着门神名字的桃木板。

【赏析】

这首诗描写春节除旧迎新、万象更新的动人景象。在阵阵鞭炮声中送走旧年，迎来新年，人们迎着和煦的春风，开怀畅饮屠苏酒。初升的太阳那灿烂的光辉照耀着千家万户，家家总会用新桃符换掉旧桃符。此诗表面写传统的民间过年习俗，却寓含着除旧布新的政治诉求。全诗眼前景与心中情水乳交融，色调明朗，文笔轻快，是一首融情入景、寓意深刻的好诗。

迎 春

（清）叶燮（xiè）

律①转②鸿钧③佳气同，肩摩毂（gǔ）击④乐融融。
不须⑤迎向东郊去，春在千门万户中。

【注释】

①律：岁序。

②转：变换，更新。

③鸿钧：指天或大自然（太平）。

④肩摩毂击：肩膀和肩膀相摩，车轮和车轮相撞。形容路上行人和车辆拥挤，喻指转入太平盛世。摩，摩擦。毂，车轮中心的圆木。

⑤不须：不用；不必。

【赏析】

诗人叶燮抓住屋内户外的热闹盛况和人们内心的无限春意，三言两语写出了年节的一派新春气象。岁序变换春来到，车如流水人如潮。那种热闹劲头如同春天一样，天地间一片太平盛世。意思是说：哪里还用到郊外寻找春天呢？春就在千家万户中。这首诗是描绘春节喜庆气氛的杰作，以高度概括的语言表达出新春佳节的无穷意蕴，具有强烈的感情色彩，令人拍案叫绝。

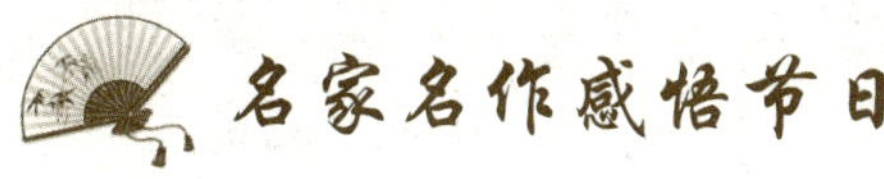

名家名作感悟节日

北京的春节

老 舍

照北京的老规矩，春节差不多在腊月的初旬就开始了。“腊七腊八，冻死寒鸦”，这是一年里最冷的时候。在腊八这天，家家都熬腊八粥。粥是用各种米，各种豆，与各种干果熬成的。这不是粥，而是小型的农业展览会。

作者用了比喻，把腊八粥比作“小型农业展览会”，说明腊八粥的材料丰富，表达了自己对丰收的自豪和期盼。这样写真是形象生动！

除此之外，这一天还要泡腊八蒜。把蒜瓣放进醋里，封起来，为过年吃饺子用。到年底，蒜泡得色如翡翠，醋也有了些辣味，色味双美，使人忍不住要多吃几个饺子。在北京，过年时，家家吃饺子。

孩子们准备过年，第一件大事就是买杂拌儿。这是用花生、胶枣、榛子、栗子等干果与蜜饯（jiàn）掺和（chān huo）成的。孩子们喜欢吃这些零七八碎儿。第二件大事是买爆竹，特别是男孩子们。恐怕第三件事才是买各种玩意儿——风筝、空竹、口琴等。

孩子们欢喜，大人们也忙乱。他们必须预备过年吃的、喝的、穿的、用的，好在新年时显出万象更新的气象。

腊月二十三过小年，差不多就是过春节的“彩排”。天一擦黑，鞭炮响起来，便有了过年的味道。这一天，是要吃糖的，街上早有好多卖麦芽糖与江米糖的，糖形或为长方块或为瓜形，又甜又黏（nián），小孩子们最喜欢。

过了二十三，大家更忙。必须大扫除一次，还要把肉、鸡、鱼、青菜、年糕什么的都预备充足——店铺多数正月初一到初五关门，到正月初六才开张。

除夕真热闹。家家赶做年菜，到处是酒肉的香味。男女老少都穿起新衣，门外贴上了红红的对联，屋里贴好了各色的年画。除夕家家灯火通宵，不许间断，鞭炮声日夜不绝。在外边做事的人，除非万不得已，必定赶回家来吃团圆饭。这一夜，除了很小的孩子，没有什么人睡觉，都要守岁。

透过“万不得已”“必定”等词语，可以体验到人们多么重视除夕吃团圆饭，这里饱含着浓浓的亲情，浸润着中华民族的传统美德。

正月初一的光景与除夕截然不同：铺户都上着板子，门前堆着昨夜燃放的爆竹纸皮，全城都在休息。

男人们午前到亲戚家、朋友家拜年。女人们在家中接待客人。城内城外许多寺院举办庙会，小贩们在庙外摆摊卖茶、食品和各种玩具。小孩子们特别爱逛庙会，为的是有机会到城外看看野景，可以骑毛驴，还能买到那些新年特有的玩具。庙会上有赛马的，还有赛骆驼的。这些比赛并不为争谁第一谁第二，而是在观众面前表演马、骆驼与骑者的美好姿态与娴（xián）熟技能。

多数铺户在正月初六开张，不过并不很忙，铺中的伙计们还可以轮流去逛庙会、逛天桥和听戏。

元宵上市，春节的又一个高潮到了。正月十五，处处张灯结彩，整条大街像是办喜事，红火而美丽。有名的老铺子都要挂出几百盏灯来，各形各色，有的一律是玻璃的，有的清一色是牛角的，有的都是纱灯，有的通通彩绘全部《红楼梦》或《水浒传》故事。这在当年，也是一种广告。灯一悬起，任何人都可以进到铺中参观。晚上灯中点上烛，观者就更多。

小孩子们买各种花炮燃放，即使不跑到街上去淘气，在家中照样能有声有光地玩耍。家中也有灯：走马灯、宫灯、各形各色的纸灯，还有纱灯，里面有小铃，到时候就叮叮地响。这一天大家还必须吃元宵呀！这的确是美好快乐的日子。

一眨眼，到了残灯破庙，春节在正月十九结束了。学生该去上学，大人又去照常做事。腊月和正月，在农村正是大家最闲的时候。过了灯节，天气转暖，大家就又去忙着干活了。北京虽是城市，可是它也跟着农村一齐过年，而且过得分外热闹。

本段第一句话有承上启下的作用，与全文的首句相呼应，使文章结构完整，浑然一体。

（本文节选自老舍的《北京的春节》，有删改）

名作欣赏

《北京的春节》是著名作家老舍先生写的一篇散文。文中描绘了一幅幅北京春节的民风民俗画卷，展示了中国节日习俗的温馨和美好，表达了自己对传统文化的认同和喜爱。在阅读本文时，我们会情不自禁地和自己的家乡春节习俗做比较，这样更真切地感受到北京的春节不一样的民风民俗。

本文时间跨度大、内容多，从腊月初写到正月十九，列举了一系列老北京过春节的习俗。作者按时间顺序安排内容，可分五个时间段来把握。每部分都以表示时间的词开头，构成各段的总起句、中心句，紧接着围绕中心句列举事例。抓住文章的写作顺序，可以快速理清文章的脉络，了解文章内容，这是阅读理解文章的一个好方法。

视角一：

细细地品读文章，我发现老舍先生的语言朴实自然、耐人寻味，字里行间处处透出人们欢欢喜喜过春节的心情，反映出老北京人热爱生活，追求美好生活的心愿。

视角二：

文中有较多的场景描写，有较强的画面感。比如，“这些比赛并不为争谁第一谁第二，而是在观众面前表演马、骆驼与骑者的美好姿态与娴熟技能。”这一画面反映出淳朴善良、崇尚劳动、热爱生活、追求美好的中华民族心理特征和文化传统。

我的视角：

____

____

我的摘录

好词：

灯火通宵　日夜不绝

____

佳句：

天一擦黑，鞭炮响起来，便有了过年的味道。

____

____

我的思考

1. 这篇文章中，老舍先生写到了哪些习俗呢？请随着时间的脚步一起回顾，找一找，填一填。

时间	风俗习惯
腊月初旬到腊月二十三	
除夕	
正月初一	
元宵节	
正月十九	

2. 读完文章，你的脑海是否浮现出自己家乡过春节的习俗呢？和大家分享一下当时的热闹场面和自己激动的心情吧。

笔下生花练写节日

提起春节，你一定充满了期待，震耳欲聋的开门炮仗、溢满母亲味道的除夕年夜饭、走亲访友聚会寒暄、拜年问候领取红包……哪一样不是热闹非凡、喜气洋洋？这些场景你是否还记忆犹新？

请选择一个描写春节的角度，并按一定的顺序，写出自己的所见、所闻、所感。写作时要注意抓住春节中让你难忘的一个场景，比如放鞭炮、拜年、长辈给压岁钱等热闹场面，运用“场面描写”，要突出春节欢乐、喜庆的氛围。

场面描写就是把人物置身于一定的活动场合内进行描述，是事情发生过程中人物活动的画面描写。

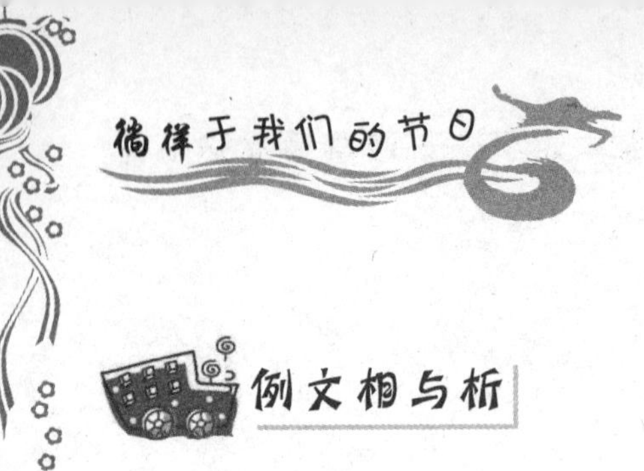

例文相与析

春节的声音

（西安市翠华路小学　校笠恒）

如果一年四季是一首变化多端的奏鸣曲，那么春节便是这首奏鸣曲上第一个响亮的和弦。

睡梦中我被一串串“噼里啪啦”的鞭炮声叫醒。正月初一了呀，新的一年开始了！一切都是热热闹闹的，拜年的短信声，电话里的祝福声，邻居们欢快的叩门声，来来往往的脚步声，就连那褶皱花边的饺子都不甘寂寞，一个个鼓起大大的肚子，在锅里欢快地翻滚着，发出“咕嘟咕嘟”的声音，仿佛在跟我们唱和一般。大人们笑着，聊着，说着彼此祝愿的话语，而我和小伙伴们则在一旁蹦着，跳着，讨着红包。爷爷、奶奶、叔叔、婶婶看着我拿到红包的那高兴劲儿，总会嘲笑我是个“小财迷”，可他们却不知道我也有我的小计划呢。我想把红包里的钱都攒下来，买成有趣的书，送给山区里那些和我一样的小朋友，让他们跟我一起来分享春节的快乐。

大年初一，我和家人总会去逛庙会。西安的庙会可热闹了，你听，那“咚，咚，咚”踩高跷的鼓声；那“锵，锵，锵”皮影戏的锣声；还有那不绝于耳的各种吹拉弹唱，把人听得整个心都兴奋起来了。仔细听，你还能听到夹杂在其中的那些卖各种小吃的高高低低的吆喝声，伴着那诱人的香味，弥散在空气中，简直让人没有抵抗力，馋得口水都要流下来了，只想一次吃个够。还有那些捏面人的、吹糖人的、画年画的、雕核桃的……总会让我看得眼花缭乱，目不暇接。我常常会纳闷儿，这些民间高人平时都躲在哪儿呢，如果一年到头都能看到他们该有多好呀。

到了晚上，我最期待的不是那丰盛的春节大餐，而是烟花飞上夜空时那一声声快乐的呼哨儿声。那些烟花可真漂亮啊，有的像一朵朵万紫千红的牡丹在空中绽放，有的像一条条张牙舞爪的火龙直冲云霄，有的像一个个调皮捣蛋的精灵在翩翩起舞，有的像一场场神秘莫测的流星雨划过夜空……最奇妙的是有一次，当我捂着耳朵，小心翼翼地点燃了一个烟花筒，还没来得及跑开，就见“嗖”地一下，一个个小小的火珠带着哨儿快乐地蹿上了天空，“砰”的一声炸开，霎时间在夜空中散出无数个桃心来，一个个由小变大，翠绿的、金黄的、深紫的……“太棒了！太棒了！爸爸，妈妈，你们快看，它们多像我们的心啊！”我就那样尽情地欢呼着，拍着手，仰头看着它们在空中起舞，最后化作漫天万紫千红的流星雨哩哩啦啦在夜空中洒落。

我爱一年四季的奏鸣曲，我更爱春节这作为开端的第一个和弦。因为它美妙、丰富而动听，它给我们带来快乐与幸福的同时，更给我们希望与无穷的力量。

例文相析会

主持老师：春节就像一只万花筒折射出人间万相，多棱多角多姿多彩，用文字描述好春节也非易事。小作者在表现春节时独辟蹊径，选取了一个独特的角度——春节的声音。

甲同学:关于春节的声音，小作者选取了三组场景:家里的各种声音——祥和之音；庙会上的各种声音——热闹之音；户外燃放烟花爆竹的声音——喜庆之音。

乙同学：这些场景的选取都是有代表性的，但显然都是显性的可以直接听得到的声音；难道我们耳朵听不到的声音就不是声音吗?

丙同学：我听到来自人们心底的爱的声音；我听到大自然冰雪消融、万物生长的声音；在祭拜神灵先祖时，我仿佛听到他们对我们的赞许和宽恕。

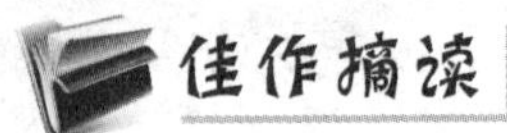

佳作摘读

我小时候，特别盼望过年，往往是一跨进腊月，就开始掰着指头数日子，好像春节是一个遥远的、很难到达的目的地。对于我们这种焦急的心态，大人们总是发出深沉的感叹，好像他们不但不喜欢过年，而且还惧怕过年……过年意味着小孩子正在向自己生命过程中的辉煌时期进步，而对于大人，则意味着自己正向衰朽的残年滑落。

——摘自莫言《故乡过年》

这些“花会”都是村里人办的，有跑旱船的，有扮“王大娘锔大缸”的，扮女人的都是村里的年轻人，擦粉描眉，很标致的！锣鼓前导，后面跟着许多小孩子，闹闹嚷嚷的。到了我家门口，自然会围上一大圈人，他们就停下来演唱，唱词很滑稽，四围笑声不断。

——摘自冰心《漫谈过年》

我照例凭顽童资格，和百十个大小顽童，追随队伍城厢内外各处走去，和大伙在炮仗焰火中消磨。玩灯的不仅要凭气力，还得要勇敢，为表示英雄无畏，每当场坪中焰火上升时，白光直泻数丈，有的还大吼如雷，这些人却不管是“震天雷”还是“猛虎下山”，照例得赤膊上阵，迎面奋勇而前。

——摘自沈从文《忆湘西过年》

初一特别起得早，梳小辫儿，换新衣裳，大棉袄加上一件新蓝布罩袍、黑马褂、灰鼠绒绿鼻脸儿的靴子。见人就得请安，口说“新喜”。日上三竿，骡子轿车已经套好，跟班的捧着拜匣，奉命到几家最亲近的人家拜年去也。

——摘自梁实秋《过年》

动手动脑体验节日

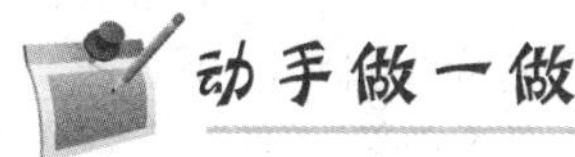

动手做一做

吉祥结是代表着祥瑞、美好、吉祥如意祝福的一种中国结，因其有七个耳翼，所以又叫“七圈结”。在结饰中有着吉祥平安、康泰的寓意，十分讨喜，是一个非常古老而又被视为吉祥化身的结式。

制作内容：中国结——吉祥结

物料准备：丝线、配饰、穗、配件、剪刀、强力胶、透明胶带、针

制作步骤：

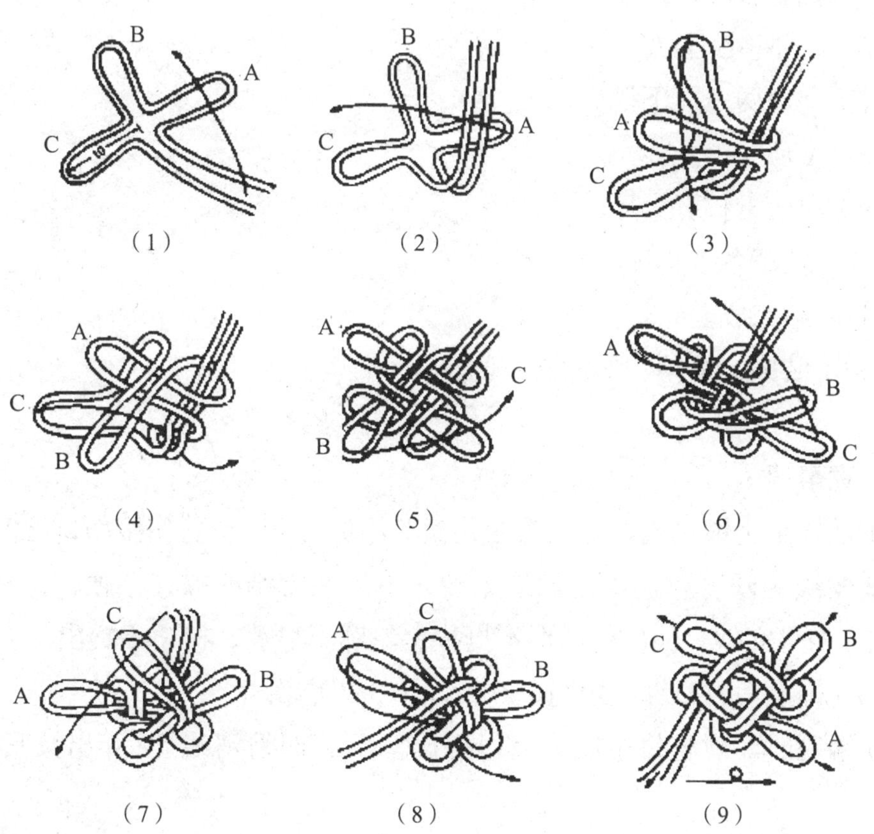

（1） （2） （3）

（4） （5） （6）

（7） （8） （9）

（10）

（11）

（12）

（1）各环长 10 厘米，两绳头往上摆。

（2）A 环绕至左上方。

（3）B 环移至下方。

（4）C 环穿出。

（5）拉紧各环，B 环移至 C 环上方。

（6）C 环移至上方。

（7）上边两条绳下摆。

（8）A 环穿出。

（9）向西方拉近大环。

（10）拉紧各个小环。

（11）结完成。

（12）装饰，接穗、加配饰，调整。

注意事项：

①最好是用钝口或者是圆头的儿童专用剪刀，以免剪伤戳伤自己。

②丝线的硬度要适中，如果太硬，不但在编结时操作不便，结形也不易把握；如果太软，编出的结形不挺拔，轮廓不显著，棱角不突出。

③配饰上面暂时绑上短绳以珠针固定，以防滑落。

④编制时注意将每个线头、线尾处理好，穿时看清线环，穿出拉紧线环。

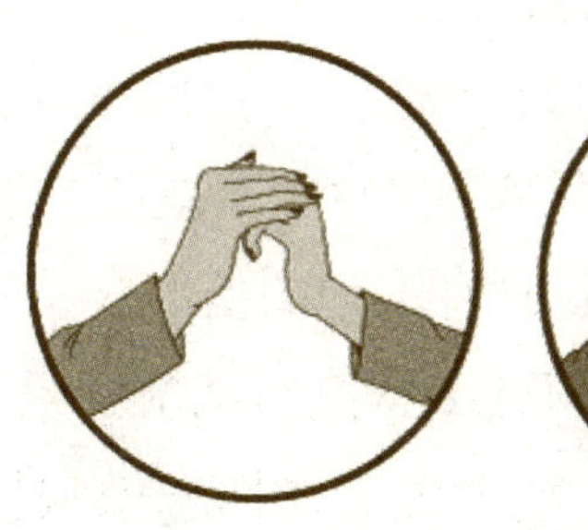

拜年作揖

作揖是汉族传统的一种礼节，拱手为礼，是古代宾主相见时常用的礼节。两手抱掌前推，身子略弯，表示向人敬礼。

作揖姿势自古男女就有别。标准的男子作揖姿势是右手成拳，左手包住，因为右手是攻击手，要包住以示善意。女子则相反，右手包住左手，但不抱拳，只压手。这和中国自古“男左女右”的传统一脉相承。如果手势做错了，意思就有很大的差别。

活动项目：小伙伴作揖去拜年

活动策划：

1. 调查以前拜年的方式方法。
2. 与爸爸、妈妈列拜年计划。
3. 教给他们作揖的正确方法。
4. 对比男孩、女孩的作揖手势。
5. 朋友、伙伴之间相互作揖，互致新年问候。
6. 和小伙伴交流拜年作揖的丰富内涵，传承中华文化。
7. 写一写别人对你的评价或你的感受。

节日回望与思考

立春是二十四节气之首，古代民间都是在“立春”这一天过节，相当于现代的“春节”；阴历正月初一称为“元旦”。由此可见，我国传统之春节源于农耕文明，作为二十四节气之“岁时节令”，既指导着一年农业的生产与农村的生活，也主宰着农耕文明对日月天地的信仰。

1. 汉民族的春节习俗主要体现了什么特点？试举例说明。

2. 让中国走向世界，让世界了解中国。请你来做编导，为外国小朋友制作一部“中国春节”的视屏广告宣传片，介绍中国春节特有的文化和习俗。试将你的编导方案写出来。

3. 小组讨论：互联网＋传统春节，是对节日的创新还是消解？

（提示：如今长辈给晚辈压岁钱，不再压在孩子的枕头底下，而是通过微信红包或支付宝支付。以往拜年，都是大年初一人们穿上新衣走亲访友，当今通过微信和短信拜年，一种全新的互联网年俗文化正在逐渐形成。）

第二章

元宵节——东风夜放花千树

“远远的街灯明了，

好像闪着无数的明星。

天上的明星现了，

好像点着无数的街灯。”

天上一颗星，地上一个人。元宵夜，风清月朗，灯彩星辉。好一个天人合一的壮丽景观。

随着新年第一轮圆月在天上升起，神州大地无处不呈现出一派火树银花不夜天的景象。男女老幼笑逐颜开，热热闹闹，燃灯放焰。人们踩高跷、舞狮子、划旱船、扭秧歌、猜灯谜、吃元宵。

在万家灯火、万众狂欢的时刻，谁在寻他千百度？“那人却在灯火阑珊处”。

华夏文化传承节日

元宵节溯源

元宵节紧邻春节之后，因为在农历的元月，古人称夜为“宵”，所以叫它元宵节。这一晚，是一年中的第一个月圆之夜。在这一元复始、大地回春、圆月初成的好日子，人们举行隆重的庆祝活动，也是对新春祝福的延续。由于元宵节的主要节俗活动是施放烟火花炮、张灯、观灯、赏灯，故又被老百姓称为“灯节”。

关于元宵节的来历，早在两千多年前的西汉就有记载。不过，民间还有其他的传说。

点彩灯的传说

传说很久以前，人们不堪忍受凶禽猛兽的伤害，就组织起来去打它们。有一只神鸟因为迷路而降落人间，被不知情的猎人给射死了。玉皇大帝为此大为震怒，下令天兵正月十五到人间放火，将人畜财产通通烧死。谁知玉皇大帝有一个心地善良的女儿，不忍心看百姓无辜受难，就冒着生命危险，偷偷报信给人间。人们听到消息后吓得不知如何是好。这时，有个老人家想出个法子，他说：“在正月十四、十五、十六这三天，每家每户都张灯结彩、点响爆竹、燃放烟火。这样一来，天帝就会以为人们都被烧死了。”

在民间，关于元宵节的故事很多。比如汉代东方朔与元宵姑娘的团圆梦，宋代诗人王安石元宵灯会巧对对联中榜娶亲等等。

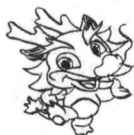

大家觉得言之有理，便分头准备去了。到了正月十五这天晚上，玉皇大帝往下一看，发觉人间一片红光，

响声震天，连续三天夜夜如此，以为天兵干得好。人们就这样保全了自己的生命及财产。为了纪念这次保卫战成功，从此每到正月十五，家家户户都悬挂灯笼，燃放烟火。

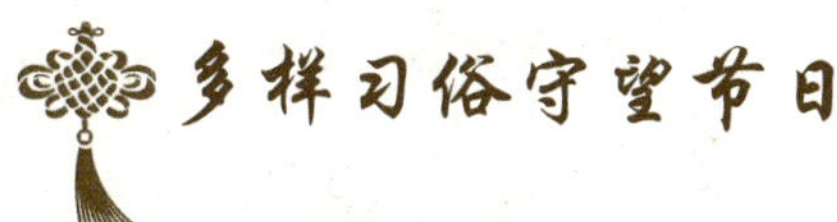

多样习俗守望节日

吃元宵

正月十五吃元宵由来已久。元宵在唐朝叫“面蚕”，南宋称“乳糖圆子”，到了明朝则呼为“糯米团子”。因为这些名称都与“团圆”字音相近，象征全家人团团圆圆，和睦幸福。人们以此怀念离别的亲人，寄托对未来生活的美好愿望。清朝康熙年间，御膳房特制的“八宝元宵”，是名闻朝野的美味。

清康熙年间，北京城内制元宵的高手众多，马思远就是其中的一位。诗人符曾在《上元竹枝词》说：“桂花香馅裹胡桃，江米如珠井水淘。见说马家滴粉好，试灯风里卖元宵。”诗中所咏的，就是鼎鼎大名的马家元宵。

经过千百年的传承和改进，元宵的制作愈加精细，品种也全愈见繁多。其制作方法南北各异，北方的元宵多用箩滚手摇而成，南方的汤圆则多用手心揉团。元宵可煮食带汤、炒吃、油炸、蒸食……非常美味可口。

猜灯谜

猜灯谜，又叫“打灯谜”，是从古代就开始流传的元宵节特色活动。最早出现在宋朝。因为谜语能启迪智慧又饶有兴趣，所以深受民众的欢迎。文学家还把猜谜活动写入小说中。《红楼梦》里，就描绘了许多贾府猜谜的生动场面。

（西安市铁五小学　赵子睿）

舞龙灯

（西安市铁五小学 卢思睿）

龙作为华夏民族的图腾，在族人的心中具有呼风唤雨、消灾除疫的神力。而以农业为本的中国，庄稼要丰收必须得风调雨顺。龙则能兴风布雨，使人平安。所以自远古时，人们就用舞龙的方式祈祷神龙的保佑，求得丰收和平安。

“龙灯”是灯节中最特殊又巨大的花灯。舞龙灯是中华民族的传统文化活动，是大型节日里重要节目之一。

舞狮子

（西安市铁五小学 王睿昕）

舞狮子，民间也叫“耍狮子”“狮子舞”“太平乐”。这一习俗起源于三国时期，流行于南北朝，至今已有一千多年的历史。它是我国优秀的民间艺术，每逢元宵佳节或集会庆典，民间多以舞狮子前来助兴。

踩高跷

踩高跷，也称“踏高跷”“扎高脚”“走高腿”，是民间盛行的一种技艺表演，多在元宵佳节里举行。

（西安市铁五小学 李怀钰）

关于高跷，传说源于反抗贪官。老早以前有座县城叫两金城，城里和城外的百姓非常友好，每年春节都联合办社火，互祝生意兴隆、五谷丰登。不料来个贪官，把这看作一个发财的好机会，于是下令，凡进出城办社火，每人都要交三钱银。人们不交，他就关城门，挂吊桥。但这些难不住聪明人，他们踩着高跷，翻越城墙，跨过护城河，继续欢度春节，乐在其中。而贪官呢？被气得吹胡子瞪眼，终于无计可施了。

划旱船

划旱船，传说是为了纪念治水有功的大禹。一般要从农历正月初一活动到农历二月二，目的是祈求来年风调雨顺，大吉大利。“旱船”多用两片薄板，锯成船形，以竹木扎成，再蒙以彩布，套系在“乘船者”的腰间，如同坐于船中一样。表演时，“艄公”划桨引船，做出各种划船的动作。“乘船者”碎步疾走，犹如水面行船。还一面跑，一面唱些地方小调，边歌边舞。

中国的情人节

元宵节是一个浪漫的节日，封建社会的女孩是不允许出外自由活动的，但是元宵节却可以结伴出来游玩。夜赏花灯是一个交谊的好机会，未婚男女借着赏灯之机可以为自己物色对象。

港台地区和海外华人对元宵节也都非常重视，他们除了保持吃元宵、点灯笼的传统习俗之外，还有很多有趣的活动。在台湾，有未婚女性在元宵夜偷摘葱或菜来祈求嫁个好丈夫的传统习俗。东南亚华人的未婚男女则相互抛水果，希望自己将来找到一个如意的伴侣。

送孩儿灯

三秦大地流传着在正月十五前娘舅给外甥送灯笼的习俗，简称“送灯”，因为“灯”与“丁”谐音，表达着对子女幸福安康、吉祥添丁的祝福。娘舅送灯连年不断，直到小孩十二周岁，“外甥打灯笼——照旧（舅）”的歇后语便来源于此。送灯的活动表达了人们对美好未来的追求和向往，体现了西北黄土地民俗风情的神韵。

老陕人家里的滚元宵

陕西人在元宵节多吃“滚出来”的元宵。它在制作上比南方的包汤圆要烦琐得多。首先需将和好、凝固的馅切成小块，过水后，再扔进盛满糯米面的笸（pǒ）箩内滚，一边滚一边加水，直至馅料沾满糯米面滚成圆球，方才成功。由于制作工艺不同，元宵比汤圆的口感略粗一些，煮熟后，汤会比较浓，馅料硬实有嚼劲。每年正月十五前夕西安饭庄、老孙家等餐饮老字号都会推出各种特色馅料的元宵。

娃娃正月念童谣

古老的三秦大地，流传着无数生动有趣的童谣。当你呱（gū）呱坠（zhuì）地之后，就和它结下了不解之缘。在摇篮旁，大人会轻轻吟诵，哄你甜蜜地入睡；当你牙牙学语时，大人会拉着你的手，一边摇晃一边吟诵，逗得你咯咯地笑。这些接地气儿的歌谣，一字一句都散发着爱心的芳香。你听——

（西安市铁五小学　路沛奇）

（1）油灯笼，添油咧。杀个鸡娃，过年咧！

（2）今日七，明日八，哪一日等到过年呀？穿新袄，戴新帽，手里拿个丁丁炮，噼里啪啦好热闹。

（3）正月里，正月正，正月十五玩花灯。前头舞的是龙灯，后跟狮子绣球灯。单凤朝阳灯，对对鸳鸯灯，三请诸葛灯，四马奔腾灯，五子登科灯，六绿蛾儿灯，七夕织女灯，八仙过海灯，九九长命灯，十莲结子灯，十一风摆雪花灯，十二腊梅迎春灯，普天同庆闹花灯，迎来五谷大丰登。

（4）正月正，麦苗生，乡里婆娘爱看灯。前边挂的是龙灯，后边挂的是凤灯。梅山灯上一对鹅，扑里扑登过渭河，渭河两岸猪儿灯，弯腰拄拐老汉灯，白头丝窝老婆灯，摇摇摆摆相公灯，扭扭捏捏媳妇灯，女娃哭得害脚疼，一下滚到大门上，门上挂个烂纱灯，一捶撴（dūn）了个大窟窿。

趣味闯关

第一关：字谜

1. 孩子丢了（打一字）

2. 进水行不成（打一字）

3. 开门日正中（打一字）

4. 有一点不准（打一字）

5. 日月一齐来（打一字）

6. 谢绝参观（打一字）

第二关：成语谜

1. 乖（打一成语）
2. 判（打一成语）
3. 皇（打一成语）
4. 显微镜（打一成语）
5. 雨披（打一成语）
6. 美梦（打一成语）

第三关：动物谜

1. 有位小姑娘，身穿黄衣裳。谁要欺负她，她就戳一枪。（打一动物名）
2. 沙漠一只船，船上载大山。远看像笔架，近看一身毡。（打一动物名）
3. 你坐我不坐，我行你不行。你睡躺得平，我睡站到明。（打一动物名）

韵味诗词诵读节日

生查子·元夕

（宋）欧阳修

去年元夜[①]时，花市[②]灯如昼[③]，月上柳梢头，人约黄昏后。

今年元夜时，月与灯依旧。不见去年人，泪湿春衫[④]袖。

【注释】

①元夜：指农历正月十五夜，即元宵节，也称“上元节”。唐代以来有元夜观灯的风俗。

②花市：指元夜花灯照耀的灯市。

③昼：白天。

④春衫：年少时穿的衣服，也指代年轻时的自己。

【赏析】

这首诗是欧阳修脍炙人口的名篇之一。这是一首相思词，通过主人公对去年今日的往事回忆，抒写了物是人非之感。词的上阕写去年元夜情事。头两句写元宵之夜的繁华热闹，后两句情景交融，写出了恋人在月光柳影下两情依依、情话绵绵的景象。下阕写今年元夜相思之苦。“月与灯依旧”与“不见去年人”相对照，引出“泪湿春衫袖”这一旧情难续的沉重哀伤，表达出词人对昔日恋人的一往情深。词作运用今昔对比、抚今追昔的手法，表达了词人爱情遭遇上的苦痛体验，读起来一咏三叹，令人感慨。

我还知道唐朝诗人崔护的名作《题都城南庄》：“去年今日此门中，人面桃花相映红。人面不知何处去，桃花依旧笑春风。”它们有异曲同工之妙呢！

青玉案·元夕[①]

（宋）辛弃疾

东风夜放花千树[②]，更吹落、星如雨[③]。宝马雕车香满路。凤箫声动，玉壶[④]光转，一夜鱼龙舞[⑤]。

蛾儿雪柳黄金缕[⑥]，笑语盈盈[⑦]暗香去。众里寻他千百度，蓦然[⑧]回首，那人却在，灯火阑珊[⑨]处。

【注释】

①元夕：农历正月十五为元宵节，是夜称元夕或元夜。

②花千树：花灯之多如千树开花。

③星如雨：指焰火纷纷，乱落如雨。

④玉壶：指月亮。

⑤鱼龙舞：指舞鱼、龙灯。

⑥蛾儿、雪柳、黄金缕：皆是古代妇女的首饰。这里指盛装的妇女。

⑦盈盈：仪态美好的样子。

⑧蓦然：突然，猛然。

⑨阑珊：零落稀疏的样子。

【赏析】

这首词上阕描写花灯耀眼、乐声盈耳的元夕盛况，下阙着意描写主人公在好女如云之中寻觅一位立于灯火零落处的孤高女子。词作以寻找情人为线索，用元宵节的盛况，烘托出一个淡泊、忧郁超群拔俗的女性形象。表面上看，这是一首爱情词，实则不然。当时，强敌压境，国难当头，朝廷却只顾偷安，有谁在为风雨飘摇中的国家忧虑？词人英雄无用武之地，此词正是词人壮志难酬、不愿同流合污的自我写照。

名家名作感悟节日

故乡的元宵

汪曾祺

故乡的元宵是并不热闹的。

没有狮子、龙灯，没有高跷，没有跑旱船，没有“大头和尚戏柳翠”，没有花担子、茶担子。这些都在七月十五“迎会”——赛城隍（huáng）时才有，元宵是没有的。很多地方兴“闹元宵”，我们那里的元宵节却是静静的。

街上掷（tóu）骰子“赶老羊”的赌钱的摊子上没有人。六颗骰子静静地在大碗底卧着。摆赌摊的坐在小板凳上抱着膝盖发呆。年快过完了，准备过年输的钱也输得差不多了，明天还有事，大家都没有赌兴。

草巷口有个吹糖人的，孙猴子舞大刀、老鼠偷油。

北市口有捏面人的。青蛇、白蛇、老渔翁。老渔翁的蓑（suō）衣④是从药店里买来的夏枯草做的。

一天快过去了。

不过元宵要等到晚上，上了灯，才算。元宵元宵嘛。我们那里一般不叫元宵，叫灯节。灯节要过几天，十三上灯，十七落灯。“正日子”是十五。

各屋里的灯都点起来了。大妈（大伯母）屋里是四盏玻璃方灯。二妈屋里是画了红寿字的白明角琉（liú）璃灯，还有一张珠子灯。我的继母屋里点的是红琉璃泡子，一屋子灯光，明亮而温柔，显得很吉祥。

上街去看走马灯。走马灯不过是来回转动的车、马、人（兵）的影子，但也能看它转几圈。后来我自己也动手做了一个，点了蜡烛，看着里面的纸轮一样转了起来，外面的纸屏上一样映出了影子，很欣喜。乾陞（shēng）和的走马灯并不“走”，只是一个长方的纸箱子，正面白纸上有一些彩色的小人，小人连着一根头发丝，烛火烘热了发丝。小人的手脚会上下动。它虽然不“走”，我们还是叫它走马灯。要不，叫它什么灯呢？这外面的小人是唐僧、孙悟空、猪八戒、沙和尚。整个画面表现的是《西游记》唐僧取经。

孩子有自己的灯。兔子灯、绣球灯、马灯……兔子灯大都是自己动手做的。下面安四个轱辘（gū lu），可以拉着走。兔子灯其实不大像兔子，脸是圆的，眼睛是弯弯的，像人的眼睛，还有两道弯弯的眉毛！绣球灯、马灯都是买的。绣球灯是一个多面的纸扎的球，有一个篾（miè）制的架子，架子上有一根竹竿，架子下有两个轱辘，手执竹竿，向前推移，球即不停滚动。马灯是两段，一个马头，一个马屁股，用带子系在身上。西瓜灯、蛤蟆灯、鱼灯，这些手提的灯，是小孩玩的。

（西安市铁五小学　王嘉萌）

年过完了，明天十六，所有店铺就“大开门”了。我们那里，初一到初五，店铺都不开门。初六打开两扇排门，卖一点市民必需的东西，叫作“小开门”。十六把全部排门卸（xiè）掉，放一挂鞭，几个炮仗，叫作“大开门”，开始正常营业。

年，就这样过去了。

一九九三年二月十二日

（本文节选自汪曾祺的《故乡的元宵》，有删改）

名作欣赏

作者是中国当代作家、散文家、戏剧家汪曾祺。他曾说过：“我是希望把散文写得平淡一点，自然一点，家常一点的。”因此品读其散文，就好像聆听一位性情和蔼、见识广博的老者谈话，虽然话语平常，但饶有趣味。这篇文章作者突出的特点是两个方面：其一，通过白天冷清、晚上热闹这两种情景的强烈对比，描绘了故乡元宵节独特的风俗。其二，抓住了做灯、观灯的情景，进行详细描写，做到详略得当，中心突出。为我们营造出其乐融融的节日氛围，以及一个长期漂泊异乡的游子对乡土文化的怀恋。

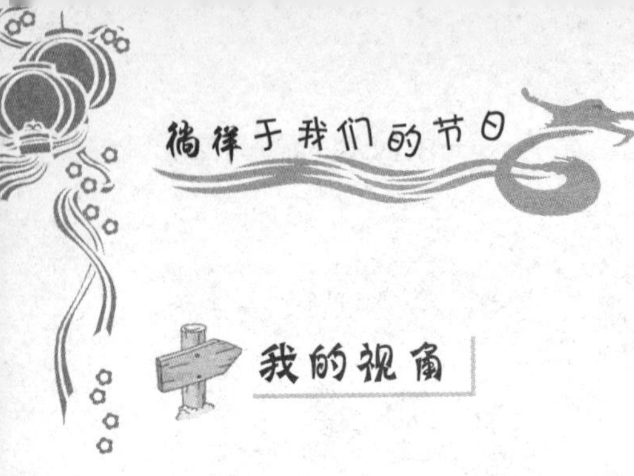

我的视角

视角一：

读这篇文章的前半部分时，感觉正如作者所说：故乡的元宵节，并不热闹。但越读越有意思，夜晚的热闹情景让人难以忘怀。这样前后对比的写法很值得学习。结尾部分则在介绍故乡风俗习惯的同时收笔："年，就这样过去了。"读来显得清新自然，意犹未尽。

视角二：

文章中有这样一句："没有狮子、龙灯，没有高跷，没有跑旱船，没有'大头和尚戏柳翠'，没有花担子、茶担子"这是一个排比句，连续用了五个"没有"，读下来朗朗上口，也突出了故乡元宵节那份特别的安静。

我的视角：

____

____

我的摘录

好词：

明亮而温柔　推移

____

佳句：

兔子灯其实不大像兔子，脸是圆的，眼睛是弯弯的，像人的眼睛，还有两道弯弯的眉毛！

____

____

我的思考

1. 作者在文中说："我们那里一般不叫元宵，叫灯节。"作者详细介绍了哪些灯？结合相关语句说说各自的特点。

2. 开头写道"故乡的元宵是并不热闹的。"请结合相关内容说说文章是如何体现这"不热闹"的。写"不热闹"的目的又是什么呢？

3. 读了作者这篇通俗、真实、有趣的文章后，你的眼前一定浮现出了逛灯会时的情景吧？请你也来画一画自己喜欢的一组花灯，并给大家讲讲当时的趣事吧。

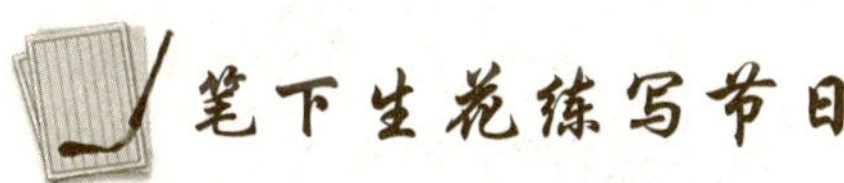

笔下生花练写节日

同学们，元宵节是春节的尾声，但是异彩纷呈的花灯、热气腾腾的元宵、噼噼啪啪的爆竹声、红通通的灯笼，还有人们灿烂的笑容，烘托出的俨然是又一次盛大的狂欢。今天，我们就围绕"灯节"这一主题，一起来聊聊。下面将要呈现的是老师的一篇主题习作，先让我们一起去品味一下吧。

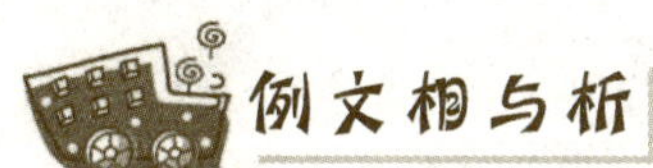

例文相与析

舅舅的花灯

（西安市铁五小学　邓聪）

我的故乡在陕西宝鸡，这里位于八百里秦川腹地，是一片沧桑古老、有着深厚历史沉淀的土地，许多淳朴的传统风俗和文化从这里发源，并流传至今。每年正月十五元宵节到来时，看灯展、耍社火、放烟花、蒸花馍……老百姓用丰富多彩的民俗活动将节日的喜庆推向高潮。在我的童年记忆里，最期盼的，就是元宵节"送孩儿灯"，也是它带给了我无限的快乐记忆。

提起“送孩儿灯”的风俗，要追溯到我国农耕时代，那时人们最基本的愿望是来年五谷丰登、人丁兴旺，当时因自然条件、战争、医疗条件的限制，不少小孩夭折了。所以，送灯取“灯”的谐音“丁”，以祝愿全家人丁兴旺。另外，那个舅舅和外公外婆是不分家的。由于外公外婆年老不便，就由舅舅做代表，提着灯笼送到外甥家祝贺新年，传递祝福。灯笼上一般都会印有“长命百岁”“健康如意”等祝福的话语。外甥们一定要在十五晚上，打上娘舅送的灯笼，以示来年心明眼亮，茁壮成长。而“外甥打灯笼——照旧（舅）”的歇后语就是后人为了表达“按照以前的规矩办事”，取“舅”的谐音创造的。

原来这个歇后语是这样来的呀，今后我也要多了解一些中国传统文化知识。

从小，我是在三个舅舅的呵护中长大的。每逢元宵节来临之际，舅舅们都会按时到家里来给我和妹妹送灯笼。而这一天，也是我们在伙伴面前最风光的时候。记得那天傍晚，天刚擦黑，舅舅们顶着严寒，陆续送灯来啦。大舅先进门，我们急忙问好，并围着大舅的身子转来转去，搜索目标。只见大舅像变魔术般地从衣服里掏出一盏荷花灯来——哇！是一朵含苞欲放的荷花，它用竹篾做骨，粉纱绷面。娇嫩、柔软的花瓣向四面翘起，白中透红，透过朦胧的轻纱，依稀可见中间嫩黄色的花蕊。花灯最下方用一块长方形的小木板做底，小木板左右两侧各钻有一个小孔，由一根长竹篾弯曲撑起，可以提在手中，小巧玲珑，巧夺天工。正当我们啧啧称赞时，二舅悄悄地走进了家门。妹妹立刻扑上去，搂着二舅的大腿讨灯笼。二舅微笑着，从包里提起一盏精致小巧的兔子灯。只见两只小白兔长着长长的耳朵、红彤彤的眼睛，头对着头，好像正在抢着吃大白菜呢！我们将灯点亮，它们的身体立刻变得晶莹、洁白了，真让人爱不释手。“你挑着担，我牵着马，迎来日出，送走晚霞……”咦？这不是最爱听的《西游记》主题歌吗？我们顺着音乐奔出

家门，原来是三舅来了。他带来了会转的走马灯。这盏灯，木质的骨架，外方内圆，里面的灯罩上画着唐僧师徒四人，随着烛火的燃烧，外面的灯罩慢慢转动起来，师徒四人你追我赶，好像正在往西天取经的路上快步前行呢！我们欢呼雀跃着，挑选了自己喜爱的花灯来到院子里，和小伙伴们会合。大家聚在一起，唱着、笑着踏上旅程。灯笼里投射出橘色的光芒，将黑夜装点得异常温馨和美丽。偶尔，一个孩子稍不留神，灯罩被火苗点着了，我们就赶快跑过去，用脚帮他踏灭，嘴里还不停地哼唱着那首简单有趣的顺口溜："灯笼会，灯笼会，灯笼灭了回家睡……"

后来，随着制灯技术的不断提高，舅舅的花灯由蜡烛灯变成了电池灯、电动灯，造型也更加丰富了。有双龙戏珠、猛虎下山、米老鼠骑车、狮子踩球……即使过了多年，这些经典之作我们都舍不得丢掉，一直保存至今。

现在，我们都长大了，当看到孩子们在院子里点灯游玩时，我情不自禁地回忆起那些美好的往事，感慨时光的飞逝。可是"舅舅送灯"这一淳朴的节日风俗却被大家所喜爱并保留至今。每年元宵节，姊妹们都会按照习惯，互相给孩子们买灯、送灯，给他们讲童年的趣事，教唱元宵节里那些难忘的歌谣。

例文相析会

主持老师：元宵节是名副其实的"小年"，也是孩子们最快乐的日子。这篇文章一定勾起了你美好的回忆吧！回忆自己过节时的情形，怎样才能抓住节日特点，表达出快乐和难忘呢？

甲同学：元宵节又叫"灯节"，作者抓住了送花灯、点花灯的习俗，重点对三组花灯进行了具体生动的描写，表现出浓浓的年味儿。

乙同学：例文告诉我们，可以选取自己印象最深的、最有趣的一两个活动重点描写，做到详略得当。

丙同学：我认为，人物描写可以再细致些。比如舅舅年年送灯，多年过去了，舅舅从青年到中年，容貌、姿态、语言都会发生变化，描写和感受再细腻一些，就更好了。

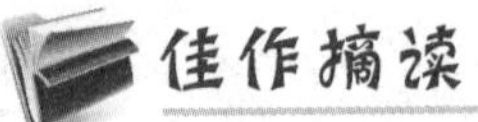

佳作摘读

老北京，灯节在街巷里，在平民百姓之间，方才会有"闹花灯"的那种"闹"劲儿。那时候，前门和琉璃厂一带，最为辉煌。清竹枝词里"细马轻车巷陌腾，好春又是一番增，今宵闲煞（shà）团圆月，多少游人只看灯"，说的是那时候的盛况。即便在小胡同里，在四合院里，小孩子们也会提着走马灯、气死风，或者小橘灯，绕世界跑。

——摘自肖复兴《元宵节的灯是小百科全书》

城镇乡村众多艺人，自四面八方云集县城。在欢闹中取乐，在耍逗中献艺。踩着高跷来的，划着旱船来的，扭着秧歌来的，打着腰鼓来的，全都着了戏装，画了脸谱，戴了面具，歌舞鼓吹，五花八门，把整个古城闹得春阳浮动，人心沸腾，正气大振……村村寨寨通往县城的路，成了人的河，人的江，县城便成了纳百川、汇巨流的人海了。

——摘自关劲潮《庙会撷趣》

元宵节的夜晚，天气非常好。天空有几颗发亮的星，寥寥几片白云，一轮满月像玉盘一样嵌在蓝色天幕里。……一片白亮亮的水横在前面，水面尽是月光，成了光闪闪的一片。团团的圆月在水面上浮沉，时而被微微在动荡的水波弄成椭圆形。

——摘自巴金《家》

动手动脑体验节日

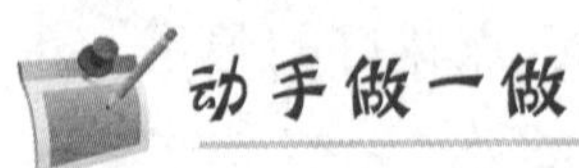

动手做一做

元宵节就要到来，为了烘托节日气氛，表达来年的祝愿，我们特别推荐一种手工灯笼的制作方法，希望同学们在动手实践中体会到节日的快乐。

制作内容：玻璃彩纸灯

物料准备：圆玻璃杯或花瓶、彩色卡片、尺子、铅笔、剪刀、双面胶带、圆形小蜡烛

制作步骤：

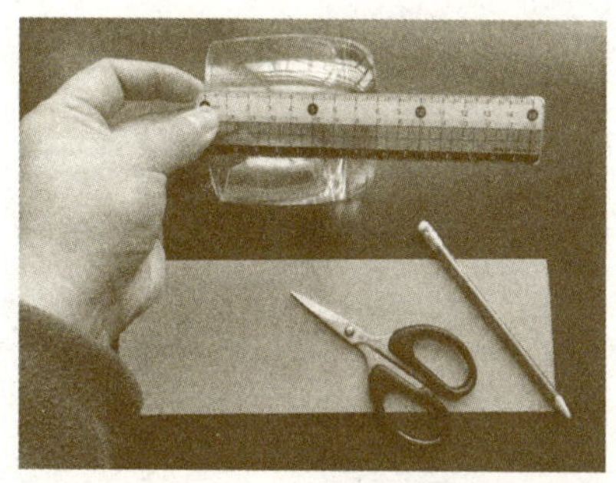

（1）根据玻璃杯的高度和周长，将彩色卡纸剪成相应的尺寸。

（2）将彩色卡纸对折，再折，折到你喜欢的宽度。

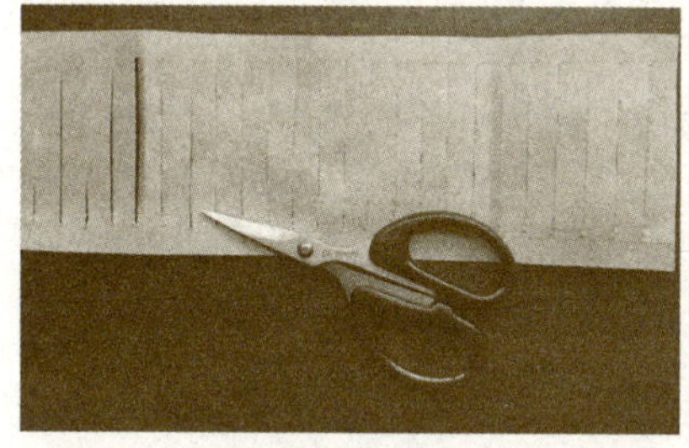

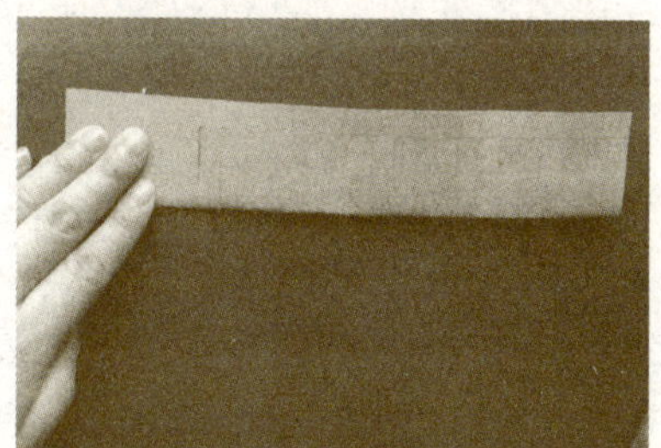

（3）彩色卡纸上下各留一定的宽度，根据折线剪开。

（4）在卡纸高度的 1/2 处对折。

（5）将双面胶带沿玻璃杯顶部和底部，围绕粘贴。

（6）彩色卡纸也沿着玻璃杯顶部和底部贴牢。最后点上一支蜡烛，放入玻璃杯中，就大功告成了。

注意事项：

①一定要选取上下粗细一致的玻璃杯便于粘贴裁剪好的卡纸。

②卡纸要与玻璃杯的高度和周长测量一致。

③使用剪刀进行裁剪时，一定要注意安全，避免割伤手指。

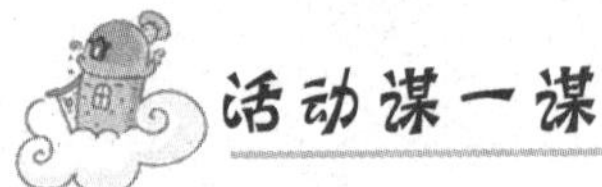

活动谋一谋

同学们，节日彩灯做好后，你们想不想互相欣赏和交流一下呢？让我们开展一次有趣的活动，共同分享节日的快乐吧！

活动项目：元宵灯谜猜猜乐

活动准备：

1. 每人按照手工提示，利用课余时间制作彩色花灯一盏。

2. 自编灯谜一至两条，可以是字谜，如："七十二小时——晶""一口咬住多半截——名"；可以是数学谜语，如"再见了妈妈（打一数学名词）——分母"；可以是物品谜语，如"一个娃娃小不点，一件红袄身上穿，香火把它的辫子点，大叫一声飞上天。（打一物）——爆竹"。

活动策划：

1. 时间：元宵节前夕，利用班会时间进行。

2. 地点：教室。

3. 内容：同学们悬挂或摆放好自制彩灯，点亮彩灯，营造温馨喜庆的气氛。

4. 形式：猜灯谜游戏可以是"击鼓传花""瞎子摸灯""小组对抗赛""抽号猜谜""有奖竞答"等等，做到文明有序。

5. 颁奖：班委会利用班费购买小文具，或者利用"雏鹰争章台"对优胜集体、个人进行奖励。

6. 练笔：以"快乐的班级灯会"为题，真实记录一下自己参与活动的过程和感受。

节日回望与思考

回望我们的传统节日，无一不是岁时节令的结晶。

农历正月十五为道家的上元节，带有浓厚的求吉、祈子、辟邪的宗教色彩。该节的祈子符合天人合一的理念，古人认为天上一颗星，地上一个人。随着上元夜第一轮圆月升起，象征着生育能力达到高峰，于是人们祭祀星星，祈求生子。陕西等地至今还有在元宵节舅舅给外甥送花灯的习俗，其寓意也是希望人丁兴旺，家庭和睦。

1. 小组讨论：在元宵节的形成中，哪些因素起了作用？这些因素分别表达了什么民意？

2. 从腊月二十三“祭灶节”（俗称“小年”）开始，经过除夕、春节、元宵节等丰富的年俗活动，统称“过年”。年味浓淡即是“乡愁”深浅。当前，政府倡导“要让人们望得见山，看得见水，记得住乡愁”。试以“过年与乡愁”为题，谈谈二者的关系。

第三章

二月二——时来共祈龙抬头

“好雨知时节，当春乃发生。”春回大地，北方干旱的土地多么祈盼龙王播一场及时雨啊！故民谚曰 :“二月二，龙抬头。”

如果我们晓得古人在敬天、求天的同时，也要法天的道理，就不难理解为什么这一天大人小孩都要理发剃“龙头”：

当人学会与时相应，真正知道了契合时机的实用的行为，人就会成为君子。所谓“圣之时者”。当人剃了“龙头”就表示要“知时”。知时得立下志愿，胸怀天下，心系百姓。

这是二月二节日留给我们的启示。

华夏文化传承节日

二月二，龙抬头

相传，很久以前黄河边上有一座龙釜山，山上有座龙王庙，勤劳勇敢的小伙子强娃和采药姑娘莹花在山下过着幸福美满的生活。

（西安市大雁塔小学　魏琚元）

可好景不长，这一带连遭三年大旱。老百姓为了活命，有的沿村乞讨，有的求神祈雨。热爱故土的强娃偏要去掏离家不远山口上那干涸多年的黑龙潭。

强娃和莹花从腊月初就动手，一直掏到了二月初一这一天，用镢（jué）头怎么也掏不下去了，潭底出现了一块大石盖。就在这个时候，突然出现一个老爷爷，老爷爷告诉他们："好孩子，感动天，希望还在龙釜山。龙釜山，劈山斧，一砍顶你一千五……"说罢，化作一只白鸽飞走了。

遵照老爷爷的指点，强娃和莹花历经坎坷终于登上了龙釜山，进了龙王庙。等强娃给龙王磕（kē）了头，一转身看见殿前铁架上果然放着一把大斧头。

（西安市大雁塔小学　魏琚元）

强娃高兴极了，急忙取下山斧，连夜赶回黑龙潭。天刚亮，强娃就举起了劈山斧，照准潭底的硬盖子猛劈下去。这一斧头震得山崩地陷，一股甘洌（liè）的清泉"咕咚"一下冒出地面。接着，一道白烟从黑龙潭腾空而起，化成巨大的青龙直冲云霄。青龙长长地出了一口气，霎时天昏地暗，乌云翻滚，雷声隆隆，不一会就下起了大雨。大家看到盼望已久的雨水终于降临了，纷纷跑来感谢强娃和莹花。

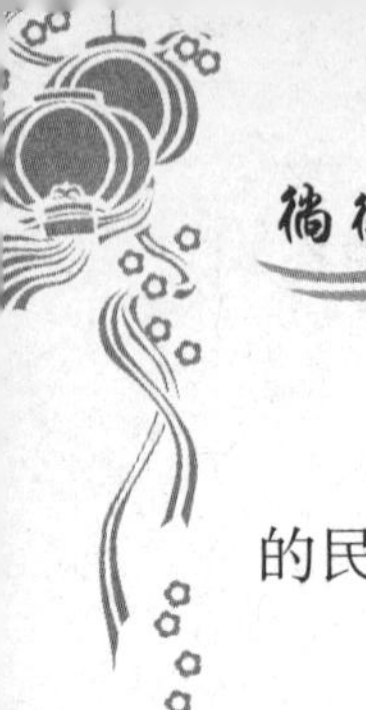

从此这里风调雨顺，民间也就有了“二月二，龙抬头;大仓满，小仓流”的民谚。

农历二月二在二十四节气的惊蛰前后，春回大地，蛰伏在泥土或洞穴里的昆虫蛇兽，被隆隆的春雷惊醒。我国北方冬季的少雨现象随之结束，降雨量将逐渐增多。在古时，“龙”在人们心中是祥瑞的化身，人们普遍认为行云布雨是“龙”的功劳,称这天为“春龙节”,又叫“龙头节”或“青龙节”。闽（mǐn）南地区，农历二月初二又称为“头牙”。

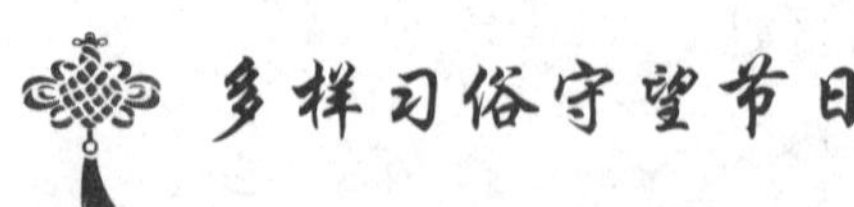

多样习俗守望节日

引　龙

引龙分引青龙、引钱龙和引龙回三种。引青龙离不开水，清晨汲水回家，意即龙在水中；或放古钱于水桶中，或用红丝系一枚铜钱，从门外引入室中，叫“引钱龙”;有人撒灰作龙蛇状,从门外蜿蜒布入宅厨,旋绕水缸,叫“引龙回”。

护　龙

二月二这天又叫“龙头节”。既然龙已经回到人间，人们便用诸多“忌讳”加以保护。如忌动针线，怕伤害了龙的眼睛；忌担水，怕惊扰了龙的行动，招来旱灾;忌盖房打夯（hāng），怕伤到“龙头”…… 这些节日的内容，体现了人们对自然的敬畏。

剃龙头

“二月二，剃龙头。”每到这一天，几乎所有的理发店门口都排起长队。

人们管这一天理发叫“剃龙头”，表达了一种美好的愿望，希望能像龙那样有神奇的威力，在新的一年里龙行天下、奋发有为。

（西安市翠华路小学　张崔巍）

炒豆豆

民谚有云:“二月二，吃豆豆，人不害病地丰收”。豆，即黄豆、玉米豆、棋子豆等。据说关于二月二吃炒豆有一段故事：

相传唐代武则天篡（cuàn）唐称帝后，惹怒了玉皇大帝，他传谕（yù）东海龙王三年内不准下雨。不久江河干涸了，九州大地一片民不聊生的景象。龙王不忍心百姓受苦，便偷偷降了一场大雨。玉帝知道后十分生气将龙王打入凡界，压于泰山之下，并贴上符子：“若想重登灵霄殿，金豆开花方可归。”天下百姓为了拯救龙王，四处寻找开花的金豆。可那有金豆开花的呢？太白金星非常同情龙王的遭遇，便托梦给人间说：“只需在二月二这天，将黄豆炒开花即可！”于是人们在二月二这一天炒黄豆，摆到院子里，秉香祭拜天地。玉帝听说金豆开花了，只好将龙王释放，于是龙王又来耕云播雨，造福农人。

对于陕西人来说，炒苞谷（玉米）豆已经成为习俗。

挑菜节

（西安市翠华路小学　张崔巍）

二月二，挑菜节，又称“花朝节”。挑菜节盛行于唐宋时期，后世虽不那么隆重，但挑菜之举一直没有停止。

初春二月二前后，菜园种植的蔬菜还未长成，但是田野里已经是野蔬遍地了，人们要吃上新鲜的蔬菜就要到野地里挑菜。

“和暖又逢挑菜日，寂寥未是探花人。”这是唐代诗人郑谷《蜀中春雨》所描绘的场面。到了宋代，这种风俗不仅民间存在，并且传入宫廷，演化成了挑菜御宴。

挑菜节所挑野菜，因南北地方的不同而多有差别。在北方，春季里最著名的野菜恐怕要数灰灰菜和荠菜。南方一些地方，则是挑蒌蒿（lóu hāo）的新芽。旧时在年景不好或人家穷困的情况下，这些野菜曾经做过老百姓的主食。

今天人们食用它们，主要是图个新鲜，讲究个绿色天然。

皇帝的二月二

“二月二，龙抬头，大家小户使耕牛。”传说三皇之首伏羲(xī)氏“重农桑,务耕田”，每年二月二这天，“皇娘送饭，御驾亲耕”，亲自下田耕地。后来黄帝、唐尧（yáo）、虞舜(yú shùn)、夏禹纷纷效法先王。到周武王，不仅沿袭了这一传统做法，而且还将其当作一项重要的国策来实行。于二月初二，举行重大仪式,让文武百官都去耕地。直至清王朝,为了及时了解农时,熟悉节令,居住在深宫里的皇帝便在惊蛰时分乘龙车从正阳门到先农坛耕地。当时划出的这一块地叫“演耕田”，每年由皇帝、皇后演试“亲耕”，祭拜神农氏，表示普天之下该种五谷了,并以此显示其对农业生产的重视。这种“祭神农”“演耕田”的做法世代沿袭。

《皇帝耕田图》

百姓的二月二

二月二,民间还有“打春”的习俗,又叫“鞭春牛”“鞭土牛”，起源较早，这种方式体现了人们对五谷丰登的美好期盼。因为，在塑制春牛时，往往要在肚子里塞上五谷，当牛被打烂时，五谷就流了出来。人们欢笑着拾起谷粒放回自己的仓中，预示仓满粮足。现在，一些农村仍有“鞭春牛”的风俗。

有意思的是，立春时节，民间艺人还制作许多小泥牛，称为“春牛”，送往各家，谓之“送春”。也有的地方在墙上贴一幅画有春牛的黄纸。黄色代表土地，春牛代表农事，俗称“春牛图”。

二月二也是童蒙行“开笔礼”的日子。传说二月初三是文昌帝君诞辰日，文昌是主宰功名之神,过去人们求科举当官就得敬奉它。沿袭至今的开笔礼，让刚入学的儿童真正感受到入学是人生中的一件大事，是开始学习、走向成才的起点，从而激励他们珍惜读书的机会，勤奋学习，尊师孝亲。

开笔礼是读书人人生中的第一次大礼。开笔，意为“开始写文章”，仪式内容主要有拜孔子像、聆听人生道理、受赠文房四宝等。

第一关：选一选

古代帝王十分重视祭祀，设置天坛、地坛等企盼江山永固，统治长久，但有些时节也是为百姓谋求福祉的，如劝农重桑。从时间上说，这个时节是（　　）。

A. 春节　　B. 农历二月二　　C. 端午　　D. 中秋

第二关：连一连

节日送去祝福短信已是近年来流行的问候方式，下面的这则短信在主人复制和粘贴时不小心弄混了，你能把它理顺吗？

二月二，龙抬头，头份祝福送给你！人生一世，要起好头：

踏实工作　　不减势头

实事求是　　不争彩头

奋发有为　　不出风头

头脑清醒　　不栽跟头

第三关：找一找

时光流转，二月二又被逐渐赋予了新的内涵。下面的“倾听日”短信，你能把它补充完整吗？

倾听快乐的昨天，______________；

倾听幸福的今天，______________；

倾听美好的明天，让开心和快乐系腰间；

倾听未来的美满，______________。

二月二倾听日，怀着倾听的心情，送着倾听的祝福，祝你幸福快乐每一天！

A. 让平安和健康写满脸

B. 让祝福和心愿撒人间

C. 让成功和喜悦留心田

韵味诗词诵读节日

二月二日

（唐）白居易

二月二日新雨晴，草芽菜甲[①]一时[②]生。
轻衫细马春年少，十字津头[③]一字行[④]（xíng）。

【注释】

①菜甲：指才出生的叶芽。

②一时：这个时候。

③津头：渡口。

④一字行：排成一行。

【赏析】

二月二日雨后转晴，小草和田畦（qí）里的菜都发出了嫩芽，一派春意盎（àng）然的景象。而十字津头，一群身着轻衫牵着细马的少年正排成一行徐徐走着。这首诗描写诗人白居易在惊蛰时分野外踏春看到的景象。前两句写生机勃勃的春景，后两句写悠然自得的行人，展现出二月二这天人们出游时快乐而融洽的景象。

二月二日

（唐）李商隐

二月二日江上行，　东风日暖闻吹笙（shēng）。
花须柳眼各无赖（lài）[①]，紫蝶黄蜂俱有情。
万里忆归元亮井[②]，　三年从事亚夫营[③]。
新滩莫悟游人[④]意，　更作风檐夜雨声。

【注释】

①无赖：形容花柳都在任意地生长。

②元亮井：这里指故里、故乡。元亮，东晋诗人陶渊明的字。

③亚夫营：这里借指柳仲郢的军幕。亚夫，即周亚夫，汉代的著名将军。

④游人：作者自指。

【赏析】

公元851年秋，诗人李商隐的妻子王氏亡故。为了谋生，同年十月他撇下幼女稚子，只身远赴梓州（在今四川三台县）做参军一职，这段生活中大部分时间他都郁郁寡欢。二月二这一天诗人到江上游春，到处是笙箫之声，就连花柳、蜂蝶也在享受着美好的春光。诗人远离家乡已经三年，江上的新滩不理解其心意，依旧哗哗响着。本诗借景抒情，借江间春色美景，抒发诗人凄苦之愁。春景越美，愁意就越浓，这巨大的反差，取得了强烈的艺术效果。

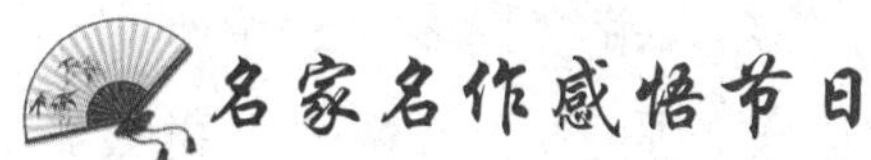

名家名作感悟节日

我盼春天的荠菜

张洁

我对荠菜，有着一种特殊的感情。

小的时候，我是那么馋。刚抽出来的嫩蔷薇枝，把皮一剥，我就能吃下去；才开放的映山红，我会一把把塞进嘴里；更别说青玉米棒子、青枣、青豌豆了。所以，只要我一出门，财主家的胖儿子就跟在我身后，跳着脚叫："馋丫头！馋丫头！"羞得我头也不敢回。

（西安市翠华路小学　张崔巍）

可是有什么办法呢？我饿啊！

一次，我实在饿极了，正在财主家的地里掰玉米棒子，被他家的人发现了。那家伙立刻拿着一根粗木棍，紧紧追来。

我没命地逃，风在我耳边呼呼直响。跑着跑着，面前忽然横着一条河。追赶我

（西安市翠华路小学　张崔巍）

的人越来越近了，我害怕到了极点，便不顾一切，纵身跳进那条河里。

河水没过了我矮小的身子。我挣扎着，扑腾着，身子失去了平衡。冰凉的河水呛得我透不过气来，脑后却传来一阵阵冷酷的笑声。

我简直不知道我是怎样才爬上对岸的，更使我丧气的是脚上的鞋子，不知道什么时候掉了一只。我实在没有勇气回去找，可又不敢回家。我怕妈妈知道。我并不是怕妈妈打我，而是怕看见她那双哀愁的眼睛。

我独自一人游荡在田野上。太阳落山了，晚霞渐渐地退去。稍远处，羊儿咩咩地叫着，被赶回羊圈了。乌鸦也呱呱地叫着回巢去了。田野里升起了一层薄雾，夜色越来越浓，周围静得可怕。我听见妈妈在村口呼唤着我的名字，可是我不敢答应……

最使人感到饥饿的冬天过去了，春天来了。春天带给我多大的希望啊！田野里长满了各种野菜：马齿苋（xiàn）、灰灰菜、野葱、荠菜……我最喜欢荠菜，把它下在玉米面的糊糊里，再放上点盐花，别提有多好吃了。而挖荠菜时的那种坦然的心情，更可以称得上是一种享受：提着篮子，向广阔的田野奔去，嫩生生的荠菜用它们绿色的手掌，招呼我，欢迎我。我再也不必担心有谁会拿着木棍凶狠地追赶我。我可以不时地抬头看看天空中叽叽喳喳飞过的小鸟，树上绽开的杏花，蓝天上白色的云朵。

比起偷玉米时那种紧张害怕的心情，现在这种坦然的心情可要称得上是一种享受啊！

荠菜，我亲爱的荠菜啊！

（本文选自浙教版小学语文第九册课文，有删改）

名作欣赏

本文的作者是我国著名女作家张洁。原文作于 1978 年。当时，“文化大革命”刚结束，经济发展走上了正轨，人民生活有了明显的好转，但由于种种原因，父母和孩子两代人之间有了隔阂，作者希望孩子们不要忘记历史，不要忘记苦难，要珍惜现在，团结奋进，创造美好的未来。

文章一开始，作者就通过一系列的动作和场景描写，表现了旧社会“我”的饥饿，后来在写“我”因为偷玉米而丢了一只鞋子不敢回家，独自一人在田野游荡时，作者又用周围景物衬托自己有家不能回的悲惨。之后写到挖野菜之乐时，恰到好处地运用了拟人的修辞手法，抒发了“我”对荠菜的特殊感情，反映了作者对美好生活和自由生活的向往。

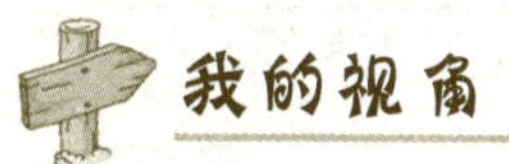

我的视角

视角一：

文章先苦后甜，前悲后喜，相互依衬，这也许就是作者对荠菜的“特殊”感情吧。

视角二：

作者的情感随着情节的变化而流动、起伏，使文章具有很强的吸引力。饥饿时代的“馋”、逃跑时的“害怕”、游荡时的绝望、春天野地里的“坦然”都深深地打动着读者的心。

我的视角：

____

____

我的摘录

好词：

冷酷 坦然

佳句：

太阳落山了，晚霞渐渐地退去。稍远处，羊儿咩咩地叫着，被赶回羊圈了。乌鸦也呱呱地叫着回巢去了。

我的思考

1. 结合上下文思考“我听见妈妈在村口呼唤着我的名字，可是我不敢答应……”，“我”为什么不敢答应呢？

2. 文中在写“独自一人游荡在田野上”时，作者通过景物描写把自己那种孤独、寂寞、焦急、悲伤、有家难归的复杂心情展现得淋漓尽致。文中还有一处景物描写，同样也表现出作者的某种心情，你能找到并分析吗？

笔下生花练写节日

同学们，只要我们细心观察，二月二这天会有许多有趣的事情。这次习作就是要把这些有趣的事写下来，写作时要注意抓住细致而具体的典型情节。选择细节描写，要从细微处着手，从大处着眼。可以通过典型的语言、动作、神态、心理等细节描写反映人的思想状况和社会风貌。

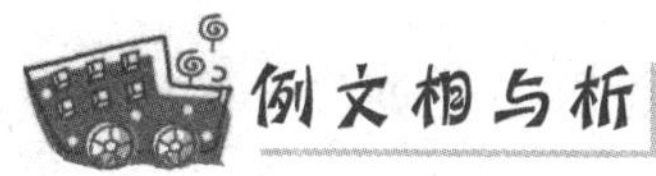

例文相与析

忆儿时，闹社火

（西安市翠华路小学 马崇敬）

我是一个有点冒失，有点梦幻，有点好奇的人。二月二这一天，永远吸引着我。它虽比不上春节爆竹连天、举国欢庆，但它更像一个绮丽的梦，让你忍不住走近它。

家乡的“二月二”，除了吃荠菜、爆米花、炒豆子，更让我着迷的是那一天农村的社火。第一次随着爷爷去镇上看社火，那精彩的妆容，高难度的动作，宛如从故事中走出来的人，让我初识艺术的神奇。那和我同龄甚至比我还小的孩子的精彩表演让我羡慕。

（西安市翠华路小学 张崔巍）

终于我们村要办社火了，男女老少齐出力，我也自告奋勇地担当着其中的角色，心里充满了激动。每天下午，我早早地写完作业、吃罢饭，就在一个大场集合了。锣鼓声起，各司其职，一些村里的能人担任着不同节目的导演的角色。虽然反复地排练有些枯燥，但是一想起能在小伙伴面前出风头，我就咬咬牙坚持了下来。

正式演出的这一天，一大早所有人吃饱饭，认真地化妆，穿上戏服，紧张地等待。一通锣鼓后，第一个热场角色——搞怪的懒婆娘出场，由老家的一个爷爷担任，只见他盘着头发、戴着头巾，脸上五颜六色更是让人忍俊不禁。最好笑的是他还做着各种奇诡的动作，甚至假装从身上抓到虱子放到嘴里吃，惹得周围一阵哈哈大笑。接着社火正式开始了，先是秧歌队，整齐的服装统一的彩带，农村的大娘大婶齐上阵，盛装演出，热闹异常。接着芯子出场，或拖拉机上，或三轮车

芯子：选取五至七岁的小孩装扮成传统戏曲人物形象，并配以相关人物动作，置于木架或铁架之上，以一个支点将其背起，随表演队伍巡回演出。

上，各种农家交通工具都派上了用场。

我是骑竹马的演员，锣鼓声起，我们赶紧舞动起来。我是第一次面对这么多人表演，心里好不兴奋。我身旁的大龙却很严肃，小心翼翼地做着排练时的动作套路。大龙比我大三岁，经常参加村里面的一些活动。为了出风头，我故意跟他们的动作相反，引得大家哈哈大笑，掌声雷动。我更加得意了。我知道乡亲们不会注意你是否做得正确，只要能给他们带来快乐就行，于是空出右手来向人群中的熟人招手，谁知刚把手松开，竹马就如脱缰的野马，极速向左倾斜，眼看我就要摔倒，此时大龙一把抓住了竹马的一边，两匹马相互依靠着才勉强保持平衡。本以为这样的突发事件会让我颜面扫地，但乡亲们的掌声又响起了，这掌声既让我感动又让我脸红，便老老实实地跟在大龙后面了。

（西安市翠华路小学　张崔巍）

最后是村歌合唱，由村里的一个老校长自己作词、作曲创作，大家唱得带劲儿又自豪。就这样轰轰烈烈的一天过去了。第一次当演员的经历，虽然出现了些小插曲，但现在回想起来却是纯粹的快乐，那是童年的乐趣，是家乡的味道。

长大以后，到了大城市，二月二节气越来越淡薄，老家的各种活动也少了许多，自己不免有些淡淡的遗憾，但仍然记得每年这一天去理发，像一种仪式，神圣而充满对美好未来的祈盼。

例文相析会

主持老师：文章抓住了人物的心理、动作、神态等细节描写，生动形象地为我们再现了作者小时候农村人过二月二的隆重场面。

甲同学：文章处处可以感受到作者童年天真、好奇的本性及乡亲们淳朴、善良的品质，表现出作者对家乡的热爱之情。

乙同学：题目《忆儿时，闹社火》起得好，“忆”是回忆，“闹”是热闹。既点明了文章内容，又暗示了文章的情感线索。

丙同学：文章最后写到“遗憾”“祈盼”。作者遗憾什么，又祈盼什么？我好像没看懂。

佳作摘读

天中的云雀，林中的金莺，都鼓起它们的舌簧。轻风把它们的声音拼成一片，分送给山中各种有耳无耳的生物。桃花听得入神，禁不住落了几点粉泪，一片一片凝在地上。小草花听得大醉，也和着声音的节拍一会倒，一会起，没有镇定的时候。

——摘自许地山《春的林野》

田里的春苗犹如嬉春的女子，恣意舞动她们的嫩绿的衣裳。河岸上的柳丝，刚透出鹅黄色的叶芽。鸟雀飞鸣追逐，好像正在进行伟大的事业。

——摘自叶圣陶《倪焕之》

指挥锣鼓队的必定是一位有着威望和组织能力的村中能人，他走在队伍的前面，手持一花秆，在队伍表演时，他神情庄重，双手上下翻飞，动作有力，节奏分明地指挥着打得声势惊人的锣鼓队。你看他，头裹一毛巾，身缠一红绸，穿着宽大的汉服，脸眉略一化妆，显得更加威武。后面队伍的表演进不进状态，看看他的表情就可以知道了。

——摘自郭军平《民族精魂——关中社火》

动手动脑体验节日

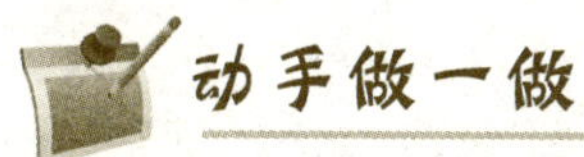

动手做一做

社火表演多么有意思呀！你们想参加吗？就让我们一起来做有趣的社火脸谱吧！

制作内容：社火脸谱

物料准备：社火脸谱资料、铅笔、白坯纸面具或一张水粉纸、水粉颜料、调色盘、毛笔

制作步骤：

（1）确定要画的脸谱图案。

（2）先用铅笔在空白脸谱进行勾描，以便于涂改。

（3）准备好相关颜料，必要时可用几种颜色调配出所需颜色后进行上色。

（1）

（2）

（3）

注意事项：

①注意左右对称。

②画完一种颜色后，及时清洗画笔，以防颜料硬化结块。

③上色时一般先浅后深，画错时，深颜色能覆盖浅颜色。

④每个脸谱至少有三种颜色。

⑤如果涂错了可以用白色颜料覆盖晒干后再次涂色。

活动谋一谋

中华民族是龙的传人，我们都是小小“中国龙”，让我们一起去发现，赞美人们赋予龙新的内涵，让龙的精神永铸我们心间。

活动策划：龙的传人说说龙

1. 前期准备

（1）分组收集有关龙的资料并排练。第一大组：讲讲龙的传说。第二大组：朗诵龙的诗歌。第三大组：唱唱龙的歌曲。第四大组：赞赞龙的传人。

（2）主持人准备主持词，准备有关龙的知识竞赛题，制作 PPT。

（3）设计、制作班级“龙胸章”。

2. 活动时间：农历二月初二前后的班会。

3. 活动地点：本班教室。

4. 活动内容

第一环节："龙的知识知多少"知识竞答。每一小组选一位组员参加竞赛问答，竞答题分为必答、抢答和风险题。优胜小组每人得一枚"龙胸章"。

第二环节:"龙的魅力我来表"才艺展示。每一小组上台展示自己的节目。

第三环节："谁是小小中国龙"探索发现。找一找、评一评哪个同学为大家和班级做出了贡献,身上有值得我们学习的品质和精神。颁发"龙胸章"。

第四环节："龙的精神铸心间"收获感悟。说一说自己通过这个活动的收获，谈一谈自己以后的打算和想法。

节日回望与思考

新岁开春，冻土乍开；敬天祈雨，鞭春劝农。相传三皇五帝皆于此日举行盛大仪式,御驾亲耕,示范天下。可见龙抬头节具有鲜明的农业文化特色。

然而,作为节日主角的龙,更被赋予理想的人格化。人们敬畏龙、祈求龙,同时效法龙，这些内容大大地丰富了二月二的节日文化内涵。

1. 传说中的龙长什么样子，有什么神奇之处？为什么龙在中国传统文化中被视作能呼风唤雨的瑞兽，受到人们的敬畏？

2. 中华民族是龙的传人，你认为在自己身上继承了哪些龙的美德？

第四章

三月三——曲水流觞丽人行

三月三，多么令人向往的节日：

从《兰亭集序》的“曲水流觞（shāng）”，到《丽人行》的“长安水边多丽人”，这是一个亲近水的日子。

从《周礼》的“仲春之日，令会男女”，到崔护的“人面桃花相映红”，这是一个有情人的日子。

从三皇五帝祭祀神灵，到庶民百姓沐浴采兰，这是一个消灾祈福的日子。

从孔夫子携弟子“浴乎沂（yí），风乎舞雩（yú）”，到小伙伴“风筝飞满天”，这是一个踏青赏春的日子。

……

三月三，一个中国人于天人之际追求诗意的日子。

华夏文化传承节日

上巳节起源及变迁

农历三月初三，古称“上巳节”。上巳日，指的是三月的第一个巳日。该节日起源于周朝，在汉代以前定为三月上旬的巳日，后来固定在三月初三。上巳节是一个亲近水的节日，上巳的古老风俗大多与水有关。每逢此节，无论是黎民百姓还是王公贵族，都要到江河池沼沐浴，以求消灾祛病、平安吉祥，古人称为“祓禊（fú xì）”。魏晋以后还逐渐增加了踏青、游春、荡秋千等娱乐活动，祓禊基本被取代。

要说“三月三”的来历，可推到追念伏羲（xī）氏。伏羲和其妹女娲抟（tuán）土造人，繁衍后代，豫东一带尊称伏羲为“人祖爷”，在淮阳（伏羲建都地）建起太昊陵古庙，由农历二月二到三月三为太昊陵庙会，善男信女，南船北马，都云集陵区，朝拜人祖。

农历三月三，还是传说中王母娘娘开蟠（pán）桃会的日子。有一首北京竹枝词是这样描述蟠桃宫庙会盛况的：“三月初三春正长，蟠桃宫里看烧香；沿河一带风微起，十丈红尘匝（zā）地扬 。”传说西王母原是我国西部一个原始部落的保护神。她有两个法宝：一是吃了可以长生不老的仙丹，二是吃了能延年益寿的仙桃——蟠桃。神话传说中的嫦娥，就是偷吃了丈夫后羿弄来的西王母仙丹后飞上月宫的。此后，在一些志怪小说中，又把西王母说成是福寿之神。

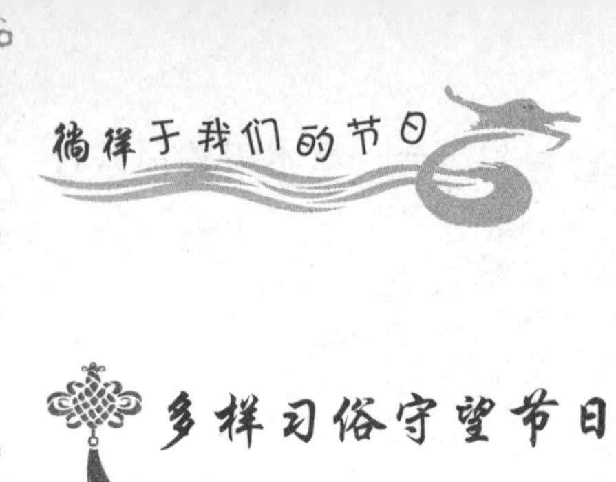

多样习俗守望节日

祓禊

三月三这天，人们来到江河池沼中洗浴，并在水边举行祭祀仪式，古人称之为“祓禊”。《后汉书·礼仪志》记载：“三月上巳，官民皆洁于东流水上，曰洗濯（zhuó）祓除，去宿垢，为大洁。”这是一种辟邪求吉的宗教仪式，其目的是将不祥与灾祸随着一冬宿垢荡涤而去，祈得全年的身体健康。如果重阳节是山顶上的节日，那么上巳节就是水边的节日了。暮春时节，风和日暖，人们聚集水边，撩（liāo）水于身，踏青于野，别有一番生活情致。

曲水流觞

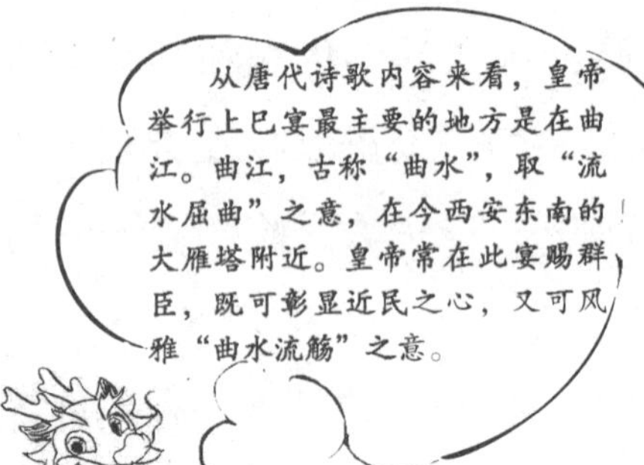

从唐代诗歌内容来看，皇帝举行上巳宴最主要的地方是在曲江。曲江，古称“曲水”，取“流水屈曲”之意，在今西安东南的大雁塔附近。皇帝常在此宴赐群臣，既可彰显近民之心，又可风雅“曲水流觞”之意。

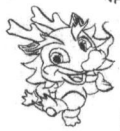

自汉代起，人们在上巳日举行祓禊仪式之后，大家坐在河渠两旁，在上流放置酒杯，酒杯顺流而下，停在谁的面前，谁就取杯饮酒，这是文人雅士们的娱乐游戏——“曲水流觞”，俗称“曲水流饮”，又名“九曲流觞”。

浮蛋乞子

将煮熟的鸡蛋、鸭蛋等投入河中，让其顺流而下，等候在下游的人们，可随意从水中取而食之，这就是“曲水浮素卵”；也有人将红枣投入河流中，又叫“曲水浮绛(jiàng)枣”。蛋在任何一个文化里都是生育的符号。现今壮族、侗族等少数民族，三月三还有吃彩蛋的习俗。

会男女

即青年男女到野外踏青嬉戏，自由择偶。古人行事，讲求顺天应时。春日和煦化育万物，三月三这天，青山绿水之间四处飘荡着欢歌笑语，青年男女们结伴对歌，互赠信物，私订终身。这种传统仪式直至春秋。我国的黎族、壮族等少数民族，现在依然流传着这种风俗。

起初上巳节是一个巫教活动，通过祓禊、会男女等活动，除灾避邪，祈求生育。汉代以后，上巳节虽然仍旧是全民求子的宗教节日，但已经是贵族炫耀财富和游春娱乐的盛会了。

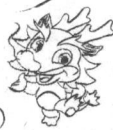

趣味闯关

第一关：选一选

1. 上巳节的风俗有（　）。

A. 祓禊　B. 赛龙舟　C. 贴对联　D. 划旱船

2. 上巳节的食俗是（　）。

A. 粽子　B. 曲水浮素卵　C. 月饼　D. 巧果

第二关：古诗句连连看

等闲识得东风面	祓禊乃为荣
儿童散学归来早	万紫千红总是春
徒记山阴兴	忙趁东风放纸鸢

第三关：创意想象我最行

“三月三，放风筝”，校学生会准备举办一次“小风筝竞飞”活动。请你展开联想和想象，为这次活动拟一条富有创意的标语。例如：让理想与风筝齐飞，让希望与春天同在！

韵味诗词诵读节日

三月三日曲江侍宴应制（节选）

（唐）王维

万乘[1]亲斋祭[2]，千官喜豫游[3]。
奉迎从[4]上苑[5]，祓禊[6]向中流。

【注释】

①万乘：万辆兵车。古时一车四马为一乘。

②斋祭：斋戒祭祀。

③豫游：皇帝出游。

④从：自。

⑤上苑：天子之苑，指曲江。

⑥祓禊：古代一种在水边举行的除灾求福的祭祀。

【赏析】

这首诗写得很大气。首句就向我们介绍了三月三日皇帝与大臣官员及宫女们乘舟在曲江之上欢庆的场面，热闹而隆重。接着描写君臣乘船，到曲江的中流捧水洗浴。乘船到河水的中流洗浴，大概是由于中流水质更为清纯。喜庆的氛围总是能激发诗人的情怀，王维写的关于三月三的应制诗，还有《三月三日勤政楼侍宴应制》《奉和圣制与太子诸王三月三日龙池春禊应制》等多首。可见，上巳节在唐朝颇为盛行，人们在这天洗浴身体、祈求康健、共度联欢，表现了他们积极的生活态度。

丽人行（节选）

（唐）杜甫

三月三日[1]天气新，长安水边多丽人。
态浓[2]意远[3]淑且真[4]，肌理细腻[5]骨肉匀[6]。
绣罗衣裳照暮春[7]，蹙（cù）金[8]孔雀银麒麟。

头上何所有？翠为荷叶垂鬓唇；
背后何所见？珠压腰际稳称身。

【注释】

①三月三日：这一天为上巳日，唐代长安士女多于此日到城南曲江游玩踏青。

②态浓：姿态浓艳。

③意远：神气高远。

④淑且真：淑美而不做作。

⑤肌理细腻：皮肤细嫩光滑。

⑥骨肉匀：身材匀称适中。

⑦暮春：春天最后一段时间，指农历三月。

⑧蹙金：一种刺绣方法。用金线绣花而皱缩其线纹使其紧密而匀贴。

【赏析】

三月三是唐朝一个非常重要的祭祀日，也是举国同欢的节日。诗作描写了这一天唐代士女到城南曲江游玩踏青的场景。先是对杨贵妃和随从们的身材神情进行细致的描写，然后描绘了她们穿的衣服是用金银线镶绣着孔雀和麒麟，头上、背后、腰间的饰物都是翡翠宝珠。这首诗下面还有多句，还写到杨贵妃的哥哥杨国忠及随从们在笙箫鼓乐的伴奏之中吃着山珍海味，也有讽刺杨国忠兄妹骄纵荒淫（yín）奢华的生活。诗人杜甫真挚的情感中也反映了平民百姓的心态，节日盛景之外的嘘叹。

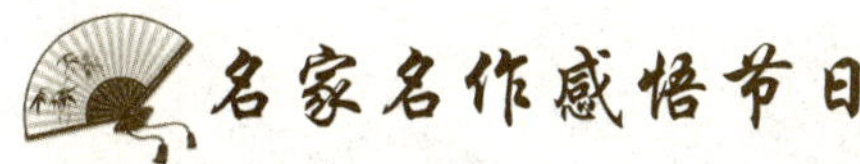

名家名作感悟节日

梦忆童年三月三

江中清风

想起小的时候，农村生活清贫，所以能吃上一顿肉便是儿时最大的奢望。但不管如何艰难困苦，每年三月三的这天，母亲总是要做些青蒿粑（bā）粑或是煮几个鸡蛋来犒（kào）劳一下我们兄妹几个。在我的记忆里，三月三，

就是一个很能够让人幸运的好日子。

三月三到底是个什么节日，我没有仔细考证过，但是我家乡的乡俗中，三月三确实是一个很特殊的纪念日。老一辈人有句顺口溜："三月三，蛇出山，地地菜儿煮鸡蛋。"大概是因为三月三，春暖大地了，蛰（zhé）居了一冬的蛇将会出来活动筋骨，所以四季耕作的老百姓，有借"地地菜儿煮鸡蛋"来庇（bì）佑这一年不遭蛇袭的习俗。因此，我从懂事的时候起，就知道三月三是个农家儿女的节，也形成了一种习惯，每逢三月三，必吃那令人难以忘怀的叫人垂涎的"地地菜"煮过的鸡蛋，或是祭祖，或是辟邪，以保一年平安。

后来走南闯北才知道，"三月三"是我国许多民族的传统节日，这天，北方有盛行的庙会，南方各种精彩的民俗纪念活动更是让人流连。布依族杀猪祭社神、山神，吃黄色糯米饭；畲（shē）族家家吃乌米饭，以示谷米来之不易；瑶族以三月三为歌节，唱序歌、茶歌、散歌、诉苦歌和谢仙歌；在广西的壮族，赶歌圩（wéi）、搭歌棚，举办歌会，青年男女们对歌、碰蛋、抛绣球，谈情说爱，颇具特色，相传为纪念壮族歌仙刘三姐。相传农历的三月三，是王母娘娘开蟠桃会的日子。而在东晋永和九年三月初三，王羲之和谢安、孙绰（chuò）等文人学士、社会名流，在浙江山阴的兰亭"修禊"之会，曲水之旁，借着宛转的溪水，一边喝酒一边作诗，王羲之遂乘兴作《兰亭集序》，文采灿烂，隽（juàn）妙雅迪，书法更是遒（qiú）媚劲健，气势飘逸，被后世推为"天下第一行书"。可见，三月三，也是墨客骚人们行诗作赋的激情季节。

"快快鞅！快快鞅！"三月三的前后，乡下的树丛里能听到季鸟婉转的呼唤，从那天籁般的自然之声中，农民劳作的节奏一天天加快。从他们忙碌地脚步里可以看出，到了三月三，万木复苏，土壤里的种子开始萌动，其实就是全年农忙时节的开始。农民们每天闻鸡而起，

（西安市阎良区第一学校　刘薇）

早早出门，带着简便的午饭，或耕耘，或播种，劳动到天色昏暗。老人们帮着料理家务，小孩子也帮着做些简单而充实的农活，或望牛，或刈（yì）猪草，披蓑衣，戴斗笠，整个乡下看不到一个闲人。

无论身处何方，每逢三月三这天，我的思绪就会飘回家乡，想起儿时父母那艰辛的犒劳，想起童年顽皮的伙伴，想起家乡那悠远流长的青蒿粑粑，更想起那香醇的“地地菜”煮的山鸡蛋。“三月三”留给人的记忆是美好的，它伴随着我长大成人，人生苦短，岁月无痕，“三月三”却像刀刻般在记忆中始终无法抹去，还时不时地在魂牵梦绕。

（本文节选自江清风的《梦忆童年三月三》，有删改）

名作欣赏

这篇文章的作者用细腻的笔触、真挚的情感，描绘了家乡三月三的习俗，表达了对这一古老节日的喜爱。

作者先以回忆开头，接下来重点描写了家乡三月三的习俗，以及长大后所了解到的现代、古代三月三的各种民俗活动，增添了文章的知识性和趣味性。最后，作者的思路又回到农村，从乡下古朴、诱人的春景中，看到纯朴而厚道的劳动人民在春天中播种着秋的收获，赞扬了他们美好、善良、勤劳的品质。字里行间流露出作者对这一古老节日的喜爱之情。

文章介绍了许多有关三月三的风俗，这些内容都反映出中华民族的文化传统源远流长。阅读本文，可以通过有感情的朗读，想象画面，体会文章表达的思想感情，真切地去感受三月三——我国这一古老的文化传统。

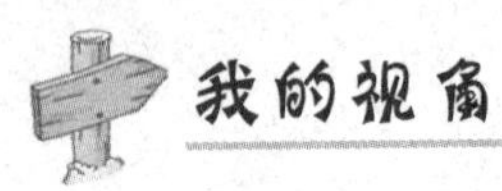

视角一：

我知道作者的感情是通过回忆儿时家乡过三月三及长大后对三月三风俗的了解，表达出对这一古老节日的喜爱之情。

视角二：

文章首尾呼应，表达出作者对家乡的思念，对三月三这个节日的无限怀恋之情。

我的视角：

____

____

我的摘录

好词：

隽妙雅迪　遒媚劲健

____

佳句：

“快快耖！快快耖！”三月三的前后，乡下的树丛里能听到季鸟婉转的呼唤，从那天籁般的自然之声中，农民劳作的节奏一天天加快。

____

____

我的思考

1. 在文章中，作者写到很多有关三月三的风俗，请你找一找，填一填。

民族	风俗习惯
汉族	
布依族	
畲族	
瑶族	
壮族	

2. 读完文章，我的脑海里不时浮现出在三月三这个美好的节日，大家一起出游的有趣事情。我想和大家分享一下当时活动的情景和自己快乐的心情。

大家可以交流交流，也可以动笔写一写。

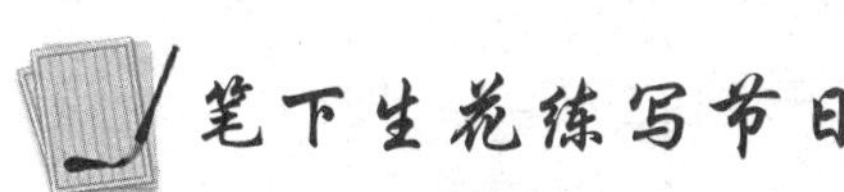

笔下生花练写节日

本次习作训练的主题是“美丽的三月三”，以阳春三月为主要描写对象。要侧重景物描写，可以描写景物的动态、静态，采用动静结合的写作方法，并充分发挥五觉，即视觉、触觉、嗅觉、味觉和听觉的作用来描写，写出景物的特点，表达出自己对所写景物的情感。

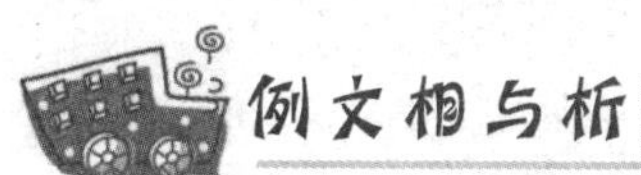

例文相与析

乡村三月三

（西安市阎良区第一学校　冯高敏）

三月的风，柔柔地抚摸着万物，给大地带来了片片生机；三月的天空，因为这风而绚烂多姿，抬头仰望，脑海里浮现的尽是自己童年的回忆……

村边的小路上，孩子们纯真的笑声唤醒了我尘封许久的情怀，一种久违的感觉爬上了我的心头，暖暖的、甜甜的，让我不由自主地想起了儿时的玩伴。年年三月，我们都会相约在石川河畔，把最初的梦想放逐在天边；年年三月，我们一起跑着笑着放开长长的线，让风筝去和白云做伴。

河岸堤畔上，是古老的枣园，枣树的叶子已抽嫩，颜色鹅黄油绿；田畔那一排排笔直的杨树，枝丫上也抽出了嫩嫩的新芽，男孩子经常会爬上树干折下几根嫩条做哨子；地面上，星星点点的野花把这春天点缀得更加明媚，蒲公英是这里的主角，黄黄的花盘，匀称地分布在绿草丛中，形成织锦，稀疏的紫花是绝佳的搭档。配角就更多了，不认识也数不清，都美丽自信地挑逗着跳跃的阳光。小鸟和青蛙是这里纯粹的歌手，它们韵律和谐的演奏为这春的河畔增添了无限生机。

（西安市阎良区第一学校　刘薇）

走进田畔，你会发现，麦田绿油油，果园一片片。勤劳的人们已经开始在甜瓜地里播种，大棚里的蔬菜正在欣欣然生长。这时，耳畔常常会传来孩子欢快的笑声，他们手持风筝线，乐此不疲地奔跑在田间地头。驻足田间，呼吸着伴有青草味的空气久久不愿离开。常常在这样风筝满天的季节，怀念自己的童年，怀念和伙伴一起走过的那一段青春岁月。岁月无情，改变了我们曾经纯真的笑脸。无奈的我们，用童年的快乐、少年的纯情，换来了今日而立之年的隐忍。

如今，生活在喧闹的城市，每逢三月，我依然可以看到孩子们放风筝的身影，广场上、公园里，各种形状的风筝带着孩子们天真的梦想在空中飞舞。不远处一对爷孙俩似乎没有掌握好技巧，在多次“试飞”失败后神情沮丧地坐在那里。身旁经过的一对小情侣热心地走向前去，一收一放，风筝很快有节奏地升上天空，孙子乐得蹦了起来，爷爷脸上也笑开了花。然而，无论是爷爷还是孙子，这份天伦之乐似乎只有周末才可以纵情享受，让人不得不觉得这份快乐是何等弥足珍贵！相比乡村三月，这里永远都缺少一分安然与恬淡。

成长是一次无奈的蜕变，可回忆却成为我人生的装点。如今，走进三月三的乡野，留下的只有童年的梦幻，却再也回不到童年的春天。

三月的风，柔柔地抚摸着万物，给大地带来了片片生机；三月的天空，因为这风而绚烂多姿，抬头仰望，脑海里浮现的尽是自己童年的回忆……

例文相析会

甲同学：文章以回忆的口吻切入主题，开启了“忆童年”“忆三月”的主线索。

乙同学：同样是放风筝，作者突出了“乡村”这一特点，写出了自己儿时与伙伴们放风筝的快乐心情。

丙同学：这篇文章的点抓得很好，这个点就是“乡村”，但文章第五自然段写到城市角度不太恰当。应该对比城市的绿化，地面、雾霾等现状，呼唤人们亲山、亲水、亲泥土、亲田园，从而揭示“记得住乡愁”的主题。

主持老师：阳春三月，隆冬在撤退，田间、湖畔、大街小巷热闹起来，人们都在用自己喜欢的方式迎接春的到来。让我们走向春天，亲近大自然，调动你的五官，感受一番吧！老师期待看到你们笔下多姿多彩的春天！

佳作摘读

故乡的风筝时节，是春二月，倘听到沙沙的风轮声，仰头便能看见一个淡墨色的蟹风筝或嫩蓝色的蜈蚣风筝。还有寂寞的瓦片风筝，没有风轮，又放得很低，伶仃地显出憔悴可怜模样。但此时地上的杨柳已经发芽，早的山桃也多吐蕾，和孩子们的天上的点缀相照应，打成一片春日的温和。

——摘录自鲁迅《风筝》

玩过了一个早晨，又玩过了一个中午，到下午，我们还是歇不下来，放着风筝在田野里奔跑。风筝越飞越高，目标似乎就在那朵云彩上，忽然有了一阵小风，线儿“嘣”地断了。看那风筝，在空中抖动了一下，随即便更快地飞去了。我们都大惊失色起来，千呼万唤地，但那风筝只是飞去，愈远愈高，愈高愈小，倏忽间，便没了踪影。没有太阳的冷昏的天上，只留下一个漠漠的空白。

——摘录自贾平凹《风筝》

一切都像刚睡醒的样子，欣欣然张开了眼。山朗润起来了，水涨起来了，太阳的脸红起来了。小草偷偷地从土地里钻出来，嫩嫩的，绿绿的。园子里，田野里，瞧去，一大片一大片满是的。坐着，躺着，打两个滚，踢几脚球，赛几趟跑，捉几回迷藏。风轻悄悄的，草软绵绵的。

——摘录自朱自清《春》

动手动脑体验节日

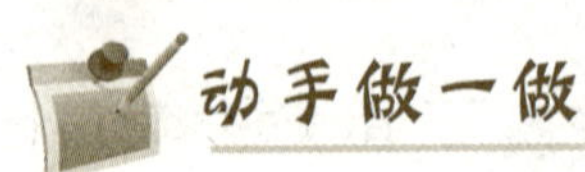

动手做一做

天气晴朗的时候拉上爸爸妈妈一起去公园放风筝，看着它在自己的手中晃晃悠悠地飞上蓝天，似乎将自己也带了上去，化为小鸟自由翱翔！今天要跟大家分享的就是一款简易风筝的制作方法，同学们一起来动手制作吧。

制作内容：风筝

物料准备：棉线、裁纸刀、竹篾、画笔、水粉颜料

制作步骤：

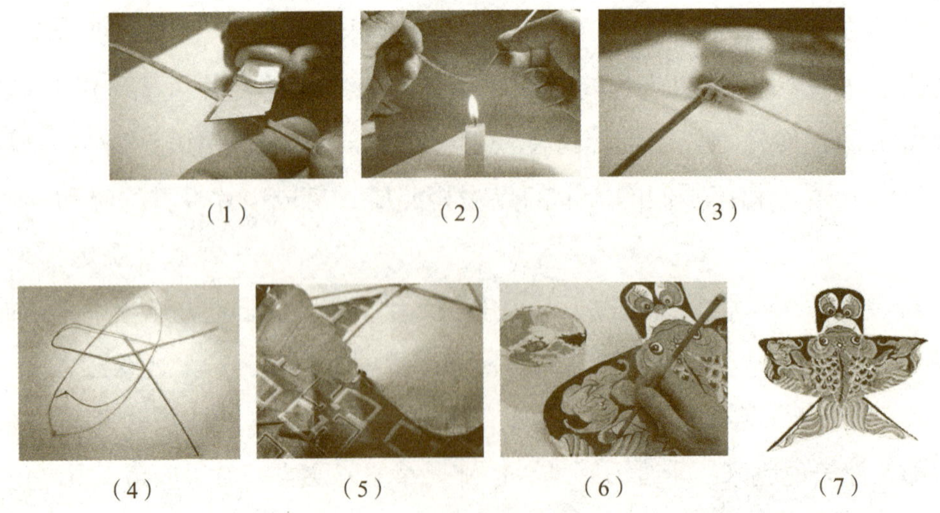

（1）（2）（3）

（4）（5）（6）（7）

（1）竹篾不能拿来就用，要用裁纸刀或砂纸打磨。风筝做得越小，竹篾就要越细，反之越粗，不然遇到稍强一点的风时，风筝骨架会被刮断。

（2）弯曲风筝骨架是一个细致的活儿：把竹子弯曲后放在火上烤，会使其定型，不过最好在烤前，竹篾先用水沾湿，以防烤焦烤坏。

（3）竹篾烤好后，用棉线按照右侧大图的样式把风筝的骨架扎好，剪去多余的线头。

（4）扎骨架的棉线可以细一些，但韧性一定要好。扎骨架时，尽量让骨架的左右对称，这样风筝才会平衡。

（5）糊上纸时，可以让骨架边缘的纸包裹住骨架，这样会粘得更牢固。

（6）糊好的风筝，待胶水干透后，用毛笔调和好水粉颜料，按自己喜好在上面画上图案。注意毛笔的水不要太多，小心弄破纸。

（7）做好的风筝用一根绳子分别系在横向木棒两端，再在纵向木棒的中间做好固定，下面连上长长的绳子，就可以去试着放飞了。

活动谋一谋

风筝是友谊的象征，和平的使者。每年阳春三月，更是放风筝的最佳时节。

策划一次“青春做伴，放飞三月”的主题活动，追逐风筝，嬉戏春风，放飞心情，享受快乐。

活动策划：

1. 活动时间：3月（具体时间待定）。

2. 活动地点：学校操场。

3. 比赛方式：3—5人为一组进行放飞。

4. 比赛规则：

（1）在规定的时间、规定的范围内进行放飞。

（2）选手放飞时间为15分钟，看谁的风筝放得高（相同高度则看远度）。

（3）放飞过程中若发生缠绕，要收起风筝重新放飞。

（4）所放风筝必须完整收回，否则不能获奖。

5. 放风筝注意事项：

（1）注意剪短手指甲。

（2）放飞前最好先做一下颈部肩部运动，以防拉伤。

（3）放飞前要熟悉放飞周边的环境。

（4）放飞工具（拐子和线）可自带。

（5）风筝都是未经调试的，需放飞前自己调整。

（6）风筝样式不同，比赛前请根据个人喜好自行选择。

6. 奖项设立：本次活动设立最佳风筝手、优秀团队奖。

节日回望与思考

传统上巳节，是古代岁时祓除信仰物化形态的遗留；并被演化成是令会男女、曲水流觞、浮蛋乞子等节俗活动。这些节俗内容反映了节日功能由单一性向复合性的发展。

1. 走进传统的上巳节，你发现人与大自然保持了怎样一种关系？而当今现实世界，人与自然产生了严重的矛盾。你认为人类应该征服自然界，还是敬畏自然界、与自然界和谐相处？为什么？

2. 请列举上巳节的节俗，并选取一个你最感兴趣的节俗，谈谈你对它的认识。

第五章

清明节——清风明月本无价

清明，是一个令人难以割舍的文化符号。

“清明细雨催人哀。”每逢此节，人们选择上坟扫墓、郊野踏青表达对先人的怀念，追寻新生的希望。年复一年，代代相传，延绵不绝。

与此同时，来自海内外的炎黄子孙相聚黄帝陵，举行盛大的公祭轩辕黄帝典礼以增进民族认同，国家认同，文化认同。

祭祖孝亲，慎终追远是中华民族优良的文化传统，也是一剂克服现代人精神危机的良药。

清明常在，民族不老。

华夏文化传承节日

清明节的传说

相传春秋时代，晋献公之子重（chóng）耳为逃避迫害被迫流亡国外。流亡期间，只有五个忠心耿耿（gěng）的大臣一直追随着他。有一天，重耳又渴又饿，晕了过去，一位叫介子推的大臣从自己的大腿上割下了一块肉，放些野菜，煮成肉汤给重耳喝。重耳知道后，感动地说："我定要好好报答你。"介子推坦然回答："我不求任何报答，只希望你日后成为一位清明的国君。"

十九年后，重耳当上了国君，也就是晋文公，封赏功臣时却忘了介子推。介子推悄悄地整理好行囊（náng），到绵山（今山西介休东南）隐居去了。

一天，晋文公猛然想起自己流亡期间的往事，心中有愧，马上派人请介子推上朝受赏封官。可是，差人去了几趟，介子推都没有来，于是晋文公亲自去请。谁知绵山山高路险，树木茂密，难以找寻。这时有一谋士出了一个馊（sōu）主意说，不如放火烧山，三面点火，留下一方，大火起时介子推准会走出来的。孰料大火烧了三天三夜也不见介子推出来。大火熄灭后，人们上山一看，才发现背着老母亲的介子推，坐在一棵老柳树下，已经被烧死了。人们从树洞里发现一片衣襟，上面写道："割肉奉君尽丹心，但愿主公常清明。"晋文公非常伤心和懊悔，把介子推和他的母亲分别安葬在那棵烧焦的大柳树下。

第二年，晋文公率众臣着素服徒步登山祭奠介子推，只见那棵老柳树死而复活，绿枝千条，随风飘舞。他敬重地走向前，珍爱地掐下一枝，编了一个圈儿戴在头上，并将杨柳挂在门外以

示纪念，祭扫后，晋文公把复活的老柳树赐名为“清明柳”，又把这天定为清明节。

随着节日的发展，清明节渐渐成为最重要的祭祀节日之一，是祭祖和扫墓的日子。

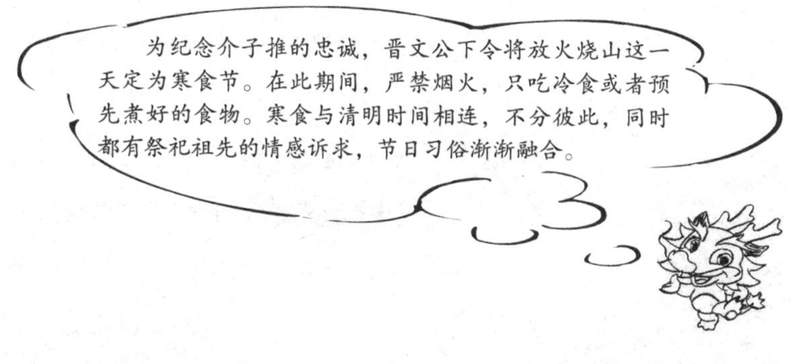

为纪念介子推的忠诚，晋文公下令将放火烧山这一天定为寒食节。在此期间，严禁烟火，只吃冷食或者预先煮好的食物。寒食与清明时间相连，不分彼此，同时都有祭祀祖先的情感诉求，节日习俗渐渐融合。

多样习俗守望节日

清明是厚重的，也是轻盈的。清明节的习俗更是丰富有趣的，除了讲究禁火、扫墓，还有踏青、放风筝、荡秋千、蹴鞠（cù jū）、打马球、插柳等一系列活动。杜甫有诗云：“十年蹴鞠将雏（chú）远，万里秋千习俗同。”相传这是因为寒食节要寒食禁火，为了防止寒食冷餐伤身，所以大家来参加一些体育活动，以锻炼身体。清明节，民间忌使针，忌洗衣，大部分地区妇女忌行路。傍晚以前，要在大门前洒一条灰线，据说可以阻止鬼魂进宅。因此，这个节日中既有祭扫新坟生离死别的悲酸泪，又有踏青游玩的欢笑声，是一个富有特色的节日。

蹴鞠是中国古代流传久远的一朵体育奇葩，是古人以脚蹴、蹋（tà）、踢皮球的活动，类似今日的足球。

公祭人文初祖

历朝历代，上自帝王将相，下至黎民百姓，都有清明节公祭黄帝陵之俗。位于陕西的黄帝陵就是炎黄子孙共祭人文初祖的地方。每逢清明，来自海内外的炎黄子孙，满怀虔诚与崇敬之情，穿过轩辕桥，登上龙尾道，瞻仰轩辕

殿，拜谒（yè）黄帝陵，共祭人文初祖，希冀中华腾飞。正所谓“古柏千丛迎赤子，心香一炷祭轩辕。诚朝圣地人文祖，神州大地梦团圆。”

扫　墓

扫墓祭祖是清明节的核心内容。不论王侯贵族，还是平民百姓，到了清明节，都必须亲自到茔（yíng）地去祭扫，谓之对祖先的“思时之敬”,对逝去的亲人表达怀念之情,感谢生养之恩。满桌的祭品，高大的红烛，三烛香冒着缕缕香烟，神圣肃静，以此形式表现我们民族慎终追远、饮水思源的精神。清明节祭祀亡人并非仅仅表达纪念之情，它的根本目的在于追求旺盛的生命力。

荡秋千

秋千的历史很古老，最早叫千秋，后为了避忌讳，改之为秋千，意即揪着皮绳而迁移。古时的秋千多用树丫（yā）枝为架，再拴上彩带做成。后来逐步发展为用两根绳索加上踏板的秋千。荡秋千不仅可以增进健康，而且可以培养勇敢精神，至今为人们特别是儿童所喜爱。

植　树

中国人在春天哀悼（dào）亡者，同样在春天激扬生命。清明时节，我国大部分地区春回大地，气候转暖，春雨飞洒，万物复苏，种植树苗成活率高，正是春耕春种的最佳时机，如民谚所说：“种树造林，莫过清明。”因此，自古以来，中国就有清明植树的习惯。有人还把清明节叫作“植树节”。植树风俗一直流传至今。公历 3 月 12 日是我国法定的植

树节，也是我国民主革命先行者孙中山逝世的日子。1915 年，正是在他的倡议下，当时的政府正式规定每年清明为植树节。

戴柳插柳

清明戴柳插柳的风俗有三种传说：一说纪念教民稼穑（jià sè）耕作的祖师神农氏，由此发展在季春之月折柳，其目的是送春，也是让节令及时过渡到夏天。一说与介子推有关。据说晋文公率众臣登山祭奠介子推时，发现介子推死前曾经靠过的老柳树死而复活，便赐老柳树为“清明柳”。一说是唐太宗给大臣柳圈，以示赐福驱疫。这三种说法有一点是相通的，那就是柳树得春气之先机，具有灵性，可以避邪。清明戴柳有讲求孝道之意：不去祭祀属于不孝顺。这说明清明节的这些活动既是仪式也是一种伦理教育。

吃青团

清明节有吃清明团子的饮食文化。江南一带流传着“大禹治水三过家门而不入”的故事，他用疏导的方法，使三江通流入海，太湖水位下降，水患得以平息，为种植冬小麦创造了条件，深得苏州人爱戴。相传苏州有位后生，见清明节人们祭大禹都做精美的供品，认为这样不符合大禹生前节约的品格，大禹在九泉之下一定不安心。清明节时正是冬小麦返青的时候，他跟大家商量用麦叶汁水和糯米粉做成青团子，将青团供在大禹治水墓碑前，以示不忘大禹治水之恩。久而久之，相沿成俗。

趣味闯关

第一关：猜一猜

勃勃生机自然界，墓祭之礼把情谢。（打一节日）

春暖花开来踏青，寒食上墓忆前人。（打一节日）

此地经过春未老。（打一民俗活动）

春日儿童仰面时，清明装点最适宜。游丝一断浑无力，莫向风儿怨别离。（打一游戏）

第二关：选一选

1. 我国对清明节有多种的称呼，请问下列哪一种不是清明节的别称？

A. 鬼节　　B. 冥节　　C. 聪明节　　D. 寒食节

2. 传说中清明节与（　　）有关。

A. 屈原　　B. 伍子胥　　C. 介子推　　D. 杜甫

3. 下面哪些是清明节的传统习俗？（可多选）（　　）

A. 踏青　　B. 吃汤圆　　C. 扫墓　　D. 放风筝

第三关：做一做

文明祭祀，过低碳环保清明节

清明节除了传统的祭祀方式外，网络祭扫、时空信箱、乐曲祭祀、鲜花祭祀、植思念树、发短信寄哀思等低碳又环保的祭奠方式正在逐渐兴起。这些清明节的创意过法，既文明而又蕴含意义。

请同学们再设计两种清明节的创意过法，尝试为逝去的英烈或者你的亲人写一条清明追思短信。相信你一定行哦！

韵味诗词诵读节日

寒　食

（唐）韩翃（hóng）

春城[①]无处不飞花，
寒食[②]东风御柳[③]斜[④]。
日暮汉宫[⑤]传[⑥]蜡烛，
轻烟散入五侯[⑦]家。

【注释】

①春城：这里指暮春时的长安城。

②寒食：在清明节前两天的节日，禁火三天，只吃冷食，所以称“寒食”。

③御柳：皇城中的柳树。

④斜：为了押韵，此处可以按古音读作 xiá。

⑤汉宫：这里指唐朝皇宫。

⑥传：赐给。

⑦五侯：汉成帝时封王皇后的五个兄弟王谭、王商、王立、王根、王逢时五人为侯，这里泛指天子近幸之臣。

【赏析】

这首诗一、二句是对长安寒食景象的一般性的描写，三、四句是这一般景象中的特殊情景。两联情景有一个时间推移，一、二句写白昼，三、四句写夜晚。第一句就展示出寒食节长安的迷人风光。“春城”长安，袅袅（niǎo niǎo）东风，柳絮飘舞，处处“飞花”，整个长安充满春意，热闹繁华。日暮之时，那袅袅飘散的轻烟，伴随着匆忙的马蹄声，正将皇帝的恩典依次传递，这正是寒食节独有的景象。在唐代，过清明节时，皇帝宣旨取榆柳之火赏赐近臣，以示皇恩，标志着寒食节已结束，可以用火了。同时借此给臣子官吏们提个醒，让大家向有功也不受禄的介子推学习。情景交融之中展现传统习俗，很有意境。

寒食中寄郑起侍郎

（宋）杨徽之

清明时节①出郊原②，寂寂山城柳映门③。
水隔淡烟修竹寺，路经疏雨落花村。
天寒酒薄难成醉，地迥（jiǒng）④楼高易断魂⑤。
回首故山⑥千里外，别离心绪向谁言？

【注释】

①清明时节：寒食节后两日为清明节，故寒食清明常并举。

②郊原：郊外原野。古代风俗，寒食清明要踏青扫墓，出郊春游。

③柳映门：宋代清明寒食节时有插柳于门上的习俗。

④迥：远。

⑤断魂：这里是形容哀伤至极。

⑥故山：故乡。

【赏析】

这首诗是诗人杨徽之向分处异地的友人郑起倾诉“别离心绪”之作。

这首诗的首联写山城寂寂无声，家家绿柳掩门，在这寒食清明的时节去郊外春游，自有孤寂落寞之感。隔水有寺，绿竹掩映，淡淡的烟雾笼罩着竹林；路边有村，花丛点缀，稀疏的雨丝中花儿纷纷凋落，营造出令人伤怀的凄清氛围。天寒之时，欲借酒暖身，排解心中愁绪，无奈酒薄不能成醉，因此产生了浓浓的思乡之情，但登上高楼，举目远眺，才感到家乡邈（miǎo）远，愁情倍增。整首诗抒发了作者贬谪（biǎn zhé）别离之情，曲折委婉，颇耐品味。

贬谪在封建时代
指官吏降职，被派到
远离京城的地方

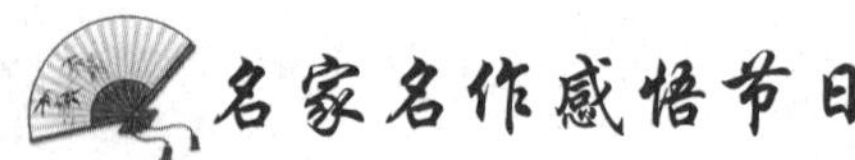

名家名作感悟节日

春天，遂想起

余光中

春天，遂想起
江南，唐诗里的江南，九岁时
采桑叶于其中，捉蜻蜓于其中
（可以从基隆港回去的）
江南
小杜的江南
苏小小的江南

遂想起多莲的湖，多菱的湖
多螃蟹的湖，多湖的江南
吴王和越王的小战场
（那场战争是够美的）
逃了西施
失踪了范蠡（lǐ）
失踪在酒旗招展的
（从松山飞三个小时就到的）
乾隆皇帝的江南

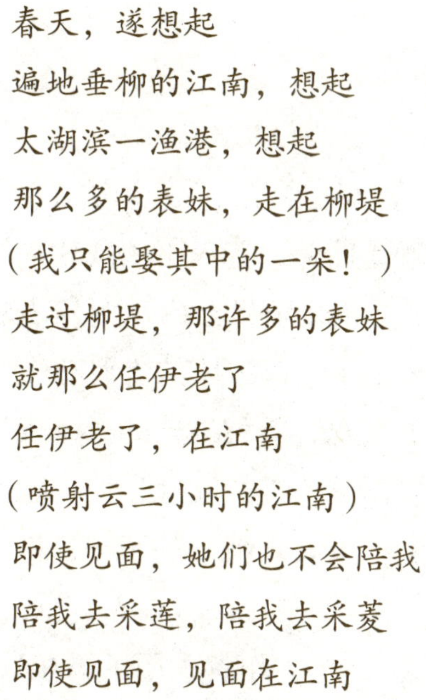

春天，遂想起
遍地垂柳的江南，想起
太湖滨一渔港，想起
那么多的表妹，走在柳堤
（我只能娶其中的一朵！）
走过柳堤，那许多的表妹
就那么任伊老了
任伊老了，在江南
（喷射云三小时的江南）
即使见面，她们也不会陪我
陪我去采莲，陪我去采菱
即使见面，见面在江南

在杏花春雨的江南
在江南的杏花村
（借问酒家何处）
何处有我的母亲
复活节，不复活的是我的母亲
一个江南小女孩变成的母亲
清明节，母亲在喊我，在圆通寺

喊我，在海峡这边
喊我，在海峡那边
喊，在江南，在江南

多寺的江南
多亭的江南
多风筝的江南啊
钟声里的江南
（站在基隆港，想——想——
想回也回不去的）
多燕子的江南

本诗有一个不同于其他诗的特点就是每节都有一个括号，有些是诗人对现状的补充，有些是对描述对象的评述，这样写使诗歌的内容更加丰富。如果去掉这些文字，将会大大地伤及作品的主旨。

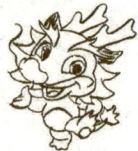

名作欣赏

余光中，祖籍福建永春，21 岁时离开大陆移居台湾。故乡情结、爱国情怀是这首诗的灵魂。首先吸引人们目光的就是标题，诗人不用现代汉语的“便”字，却用了古代汉语的“遂”字，一字之差，境界全出，不仅表现出了诗人在遣词用字上的深厚造诣，同时也透露出了本诗浓厚的古典韵味。

其次，在诗人的笔下到处都洋溢着东方的气息，各种古典的意象都是作者深厚“中国情结”的表现。诗中表妹和母亲不是单纯的女性形象，她们是诗人在江南度过的美好时光的见证，是诗人和祖国大陆唯一的牵连，作者把对母亲的思念自然而然升华为对故乡的思念。

最后一节点名主旨，也是这首诗的画龙点睛之笔。作者采用了情在景中、景在情中等多种手法来表达，连用七个“江南”，让我们仿佛看到诗人正对着大陆的方向大声呼唤，吐露着自己的思乡之情。

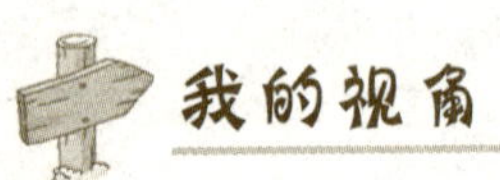

我的视角

视角一：

这首诗注重重叠句式的运用，关键字“江南”反复出现，形成回环往复的旋律，在“江南”这一中心语的前面，还变换着各种各样的修饰语。这样的语言特点，让我们更能感受作者诗歌的意境。

视角二：

本诗开篇从江南的风光景物、乡土人情以及历史文化起笔，第二节开始忆及江南的故旧亲友，最后推出象征祖国大陆的母亲形象，形成了三个依次递进的抒情层次。诗人由怀旧而怀古，抒发的是一种以民族灿烂古文化为精神背景的文化乡愁。

我的视角：

____

____

我的摘录

好词：

酒旗招展　采莲

____

佳句：

多寺的江南
多亭的江南
多风筝的江南啊
钟声里的江南
（站在基隆港，想——想——想回也回不去的）
多燕子的江南

____

____

我的思考

1. 谈谈你对“复活节，不复活的是我的母亲”和“母亲在喊我”这两句话的理解。

2. 江南到底象征着什么呢？

笔下生花练写节日

同学们，本次习作练习的主题是：“这个清明，我们怀念谁？”以诗的形式，新诗或古体诗均可，可仿写。要求：能写出自己眼中清明节的情景和心中的感受。抓住环境、气氛以及人物的动作、语言等描写当时的场面，突出节日特色。内容完整，主题突出，叙述具体，表达顺畅，能表达出自己独特的感受。

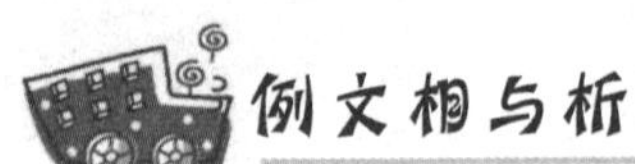

例文相与析

清明吟

——谨以此诗献给我长眠九泉的父亲

（西安市户县蒋村镇中心学校　王江涛）

清明节这个潮湿而沉重的日子
从千年前的那首唐诗里缓缓漫来
沿着牧童遥指的方向
踯躅（zhí zhú）独行在荒芜的田间

那杂草丛生的孤冢（zhǒng）里躺着我敬重的父亲
一睡就是十八年
每想起此我就禁不住泪如雨下
仿佛时空又回到了从前

记忆中的父亲是模糊的
照片中的父亲微笑着
以信立身是父亲通过母亲传给我的教诲
也是父亲留给我唯一的想念

坐在杏花村的那个无名酒家我怅然自酌
此时严父的名言又在耳际回响
沉默——无言
无言就是父亲的名言

也就在此刻我终于悟出了生命存在的价值
生命本来就很短暂
感谢上苍的恩赐
让我重新体悟到生活的美好与甘甜

一场潇潇春雨过后
窗外绿草茵茵
云淡风轻
春意盎然

例文相析会

甲同学：这首新诗以作者对逝去亲人的思念和对生命的珍爱为主旨，诗的结构是按照逻辑结构顺理向下娓娓道来，通过杜牧《清明》里的牧童、杏花村 、酒家等意象为一个个珍珠，串起了这首诗，字里行间却透着对父亲的思念，更重要的是作者不是一味地哀伤，而是感悟生命的价值和旺盛的生命力，情绪更积极，思亲之情与珍爱生命都跃然纸上！

乙同学：能称得上的好诗一定是言辞最简单，最到位，表理表意最深邃的。我觉得这首诗语言平实，表达得还不够具体，诗的意象还略显单一，也就显得不够空灵，诗的味道还不够浓！应该通过某个意象睹物思人或者什么“话语”发人深思，这样会更打动人的！

丙同学：诗必须要有一种音乐美，用韵最关键。写诗时每节末一行的末一字要押韵，押韵可以隔句、隔行，也可以每一节押一次韵。这首诗用 an 韵，读来优柔婉转，意味悠远，也很适合此诗的情绪和基调，让人读来产生一种独特的感受。

主持老师：清明节这个传统节日已经作为一种民族的基因深深地植入每个华夏儿女的心中，它承载着华夏民族的美好与梦想，它是华夏民族智慧的结晶，白居易曾说："文章合为时而著，歌诗合为事而作"。我想诗歌的魅力就在于此，老师期待着拜读各位小作家的作品哦！

佳作摘读

好风胧月清明夜，碧砌红轩刺史家。独绕回廊行复歇，遥听弦管暗看花。

——摘自白居易《清明夜》

清溪一道穿桃李，演漾（yàng）绿蒲涵白芷（zhǐ）。溪上人家凡几家，落花半落东流水。蹴鞠屡过飞鸟上，秋千竞出垂杨里。少年分日作遨游，不用清明兼上巳。

——摘自王维《寒食城东即事》

无花无酒过清明，兴味萧然似野僧。昨日邻家乞新火，晓窗分与读书灯。

——摘自王禹偁（chēng）《清明》

梨花风起正清明，游子寻春半出城。日暮笙歌收拾去，万株杨柳属流莺。

——摘自吴维信《苏堤清明即事》

洒洒沾巾雨，披披侧帽风。花燃山色里，柳卧水声中。石马当道立，纸鸢鸣半空。墦（fán）间人散后，乌鸟正西东。

——摘自范成大《清明日狸渡道中》

动手动脑体验节日

动手做一做

清明节快到了，学校大队部计划组织去烈士陵园开展“缅怀英烈，振兴中华”主题教育活动，为了表达我们对烈士的敬仰和思念，请亲自制作一个小白花吧！相信你一定行哦！

制作内容：小白花

物料准备：一张尽量薄的白纸，32K 大小的就足够了；一小根白线或者是金属丝。

工具准备：一根牙签或毛衣针、一把剪刀

制作步骤：

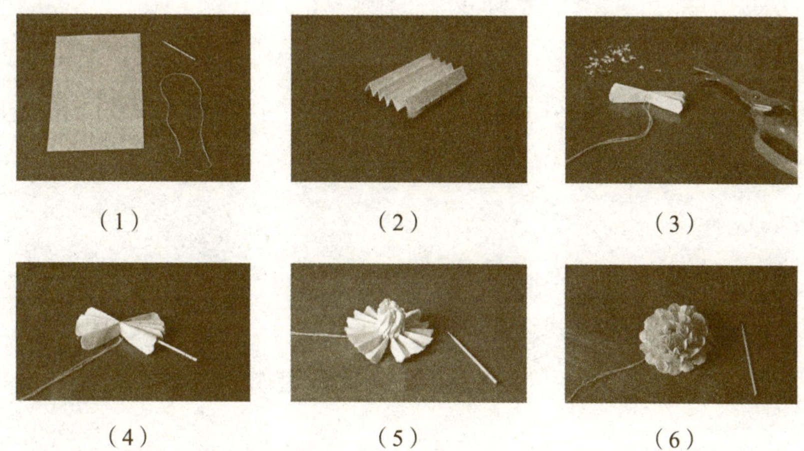

（1）　（2）　（3）

（4）　（5）　（6）

（1）把纸用对折的方式撕成一样大小的 4 张，4 张纸叠在一起对整齐，折起来，多折几下最好。

（2）用白线或金属丝从中间把它扎起来。

（3）用剪刀把两端剪成花瓣型，如果折得比较窄，可以剪成半边花瓣。然后轻轻地把两端舒展一下，为下一步准备。

（4）用牙签或毛衣针从上边一层一点一点地撬（qiào）起。注意：牙签尽量插深一些，撬起来之后还要用手整一整，如果有地方撕坏了，那是因为

太干燥了导致纸的韧（rèn）性降低，可以打开加湿器或者往地上喷些水。

（5）然后再撬另半边，撬完再整理一下。再撬第二层，整理。

（6）撬起第三层以后，把最下层也整理一下，一朵小白花就做成了。

注意事项：

使用剪刀时，小心剪到手。

活动谋一谋

活动主题：“清明赏花诗歌吟诵会”主题教育活动

活动策划：

1. 宣传倡议

（1）清明节前班会课，老师发出清明节活动倡议。

（2）下发《告家长书》，动员有意愿的家长一起参与这个主题活动。

（3）提前搜集有关清明节的诗歌，背诵诗词，理解诗意，体悟诗情，为有感情地吟诵做好准备。

2. 活动过程

（1）活动时间：一个风和日丽的周末

（2）活动地点：校园周边公园

（3）赏花环节 ：结伴自由赏花，边赏边感悟；全体围坐一圈，畅谈赏花情思。

（4）吟诵环节 ：一起吟诵《春天，遂想起》；每人再吟诵一首自己最喜欢的诗词。

（5）畅谈此次活动感受。

你觉得在这次清明赏花诗词吟诵会你表现得怎么样？评价一下自己吧！

节日回望与思考

清明节属我国历法中的二十四节气之一，“清明前后，种瓜点豆”，作为农事标志着春耕时节的到来。

清明节既有鲜明的农业特色，又有浓厚的伦理观念与人情味。延绵不断，周而复始的节日祭祖仪式，在不断表达后辈孝亲与追思的同时，又强化了中华民族的血脉根系和家国意识。

1. 清明节扫墓表明人类在历史中处于什么位置?

2. 如今，有人通过互联网扫墓祭祖，这种做法可行吗?

3. 联系你的经历，和小组同学一起讨论清明节节俗在你心中激起的感情。

第六章

端午节——龙舟竞渡祭忠魂

“悲莫悲兮生别离，乐莫乐兮新相知。”

端午节是伟大诗人屈原的祭日。诗人之死距今近两千三百年。在如此漫长的时间里，却被无数中国人年年祭祀，实乃举世无双，堪称世界奇迹。

屈原在流放地让诗歌流放，因流放而独立，因独立而伟大。

佳人虽逝，风范犹在。佳人的生命早已融入了神话和天地之间，成为山水精灵，天地诗魂。

“死而不亡者寿。”这是屈原的胜利，天地同寿，日月齐光；这是文化的力量，穿越时空，历久弥新。

华夏文化传承节日

节日演变

端午节原本是一个驱除瘟疫（wēn yì）的节日，每年的农历五月初五，暑热即至，毒虫滋生，瘟疫易犯，俗称“恶月恶日”，人们常会用插艾、悬菖蒲（chāng pú）、佩香囊、涂雄黄等一系列方式来辟邪祈福。

（西安市翠华路小学曲江分校 高余瑞雪）

春秋时期，楚国的大臣屈原忠君爱国，当他得知秦军攻破楚国郢（yǐng）都，心如刀割，万般无奈，怀着对祖国无限的热爱和悲哀，于农历五月初五，抱石投汨（mì）罗江而死。

屈原死后，楚国百姓悲痛万分，纷纷来到汨罗江边吊唁（yàn）。渔夫们划船在江上来回寻找屈原的尸体。有人还把为屈原准备的饭团、鸡蛋等食物向江中扔去，一位老医师则拿来一坛雄黄酒倒进江里，说是要药晕蛟龙水兽，以免它们伤害屈原。后来人们害怕投到江里的饭团被蛟龙水兽吃掉，就用楝（liàn）树叶包饭，外面缠上彩丝，进而发展成为现在的粽子。

从此，每年的五月初五，人们就用赛龙舟、吃粽子、喝雄黄酒等方式来纪念这位伟大的爱国诗人屈原。端午节就成了人们纪念屈原的节日，一直延续至今。

多样习俗守望节日

吃粽子

每逢端午节，人们必吃粽子。粽子，从当初的祭品到现今的食品，传承着独特的中国文化。我国地域辽阔，粽子的口味、选料、外形各不相同。北方以甜味为主，南方则甜少咸多；包扎粽子北方多用苇叶，南方多用竹叶；粽子的馅，北方多用糯米、小枣、果脯、豆沙等素食为料；南方多用猪肉、鸡肉、蛋黄、绿豆、红豆等为料。粽子形状则主要有三角形、菱形、圆柱形等。

屈原故里湖北秭（zǐ）归的粽子特别讲究，选料一定要用上好的糯米，宽宽的蓼（liǎo）叶，把粽子包得有棱有角，再缠上细细的五色丝线。最特别的是在糯米中间放颗红枣，这颗红枣既象征着屈原对楚国的赤诚之心，又象征着乡亲们对屈原的怀念之心。

赛龙舟

赛龙舟是端午节里重要的习俗之一，尤其在我国南方更为隆重，节日里江面上龙舟穿梭，锣鼓齐鸣，喊声震天。

端午节赛龙舟也和屈原有关。传说屈原投江后，托梦给一位老人，说人们送给他的饭，都让鱼虾给吃了，一点都没吃上。老人急忙问屈原这些食物怎样才不会被鱼虾吃掉。屈原对老人说，大家可以用竹叶把饭包起来，做成菱角形，鱼虾以为是菱角就不敢抢着吃了。于是，老人就把这个方法告诉了其他人。

（西安市翠华路小学曲江分校　李军红）

第二年的端午节，人们就照着老人的话，把食物包成了菱角形，投到了汨罗江里。可是，过了端午节后，老人又梦见屈原，说他只吃到了一小部分，大多数还是被鱼虾吃了。老人急忙又问他还有什么好办法。

屈原说，大家可以把送饭的船打扮成龙的样子，鱼虾会以为是龙王的食物就不敢再吃了。

此后年年端午节，人们划着龙船到汨罗江送粽子，端午节赛龙舟从而相沿成俗。

采艾叶

南朝时，齐国的药师宗测，发现端午这天的艾叶有奇特的治病功效。每年这天，天不亮他就从家里出发，采摘人形的艾，制成艾绒为民治病。宗测告诉大家，在端午这一天采艾叶，编成人形，挂在自己的家门上，就能除瘟去疫，辟邪消灾。一传十，十传百，采艾叶、挂艾草就成了端午节的习俗了。

（西安市翠华路小学曲江分校　李军红）

戴香囊

香囊，又称荷包、香包、香袋等，用五色丝线缠成或用碎布缝制而成，形状不一，玲珑夺目。香囊一般佩戴在胸前，可以驱虫辟邪。随着时代的变迁，香囊逐渐演变成了一种端午节特有的民间特色工艺品。从最初吸汗的蚌（bàng）粉、驱邪的灵符铜钱、驱虫的雄黄粉到后来的香料，无论是在内物还是外形上，香囊的制作都日趋精致。

涂雄黄

在端午节人们用雄黄涂抹小孩儿额头，在小孩儿额头画“王”字，像是老虎额头的花纹，这种风俗称为“画额”，寄予着人们驱除邪魅（mèi）的愿望。

雄黄是一种矿物质，又称“鸡冠石”，性温，味辛，加热有毒。雄黄作为一种药材，可以用做解毒剂、杀虫药。

第一关： 赛龙舟

赛龙舟啦！端午节有许多别称，查一查看看谁写得多。

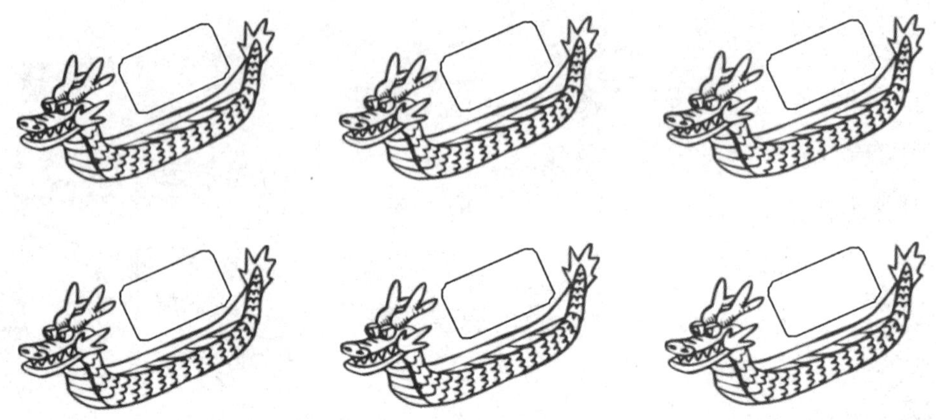

第二关： 过小桥

想一想，端午节都有哪些风俗活动，请写下来。看看谁的粽子先过桥。

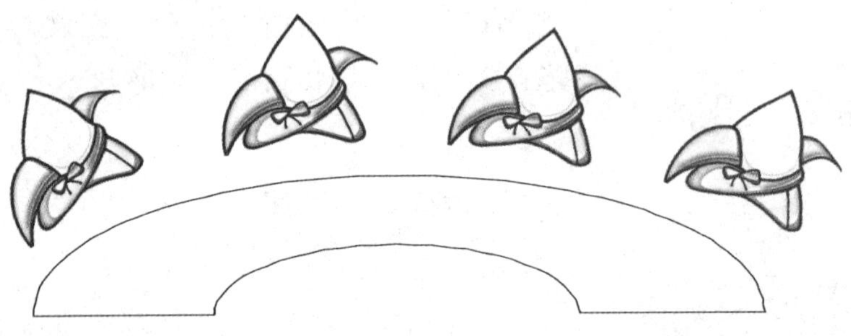

第三关： 找名句

伟大的诗人屈原为我们留下了很多优秀的诗篇，请你找几句名句写下来吧。

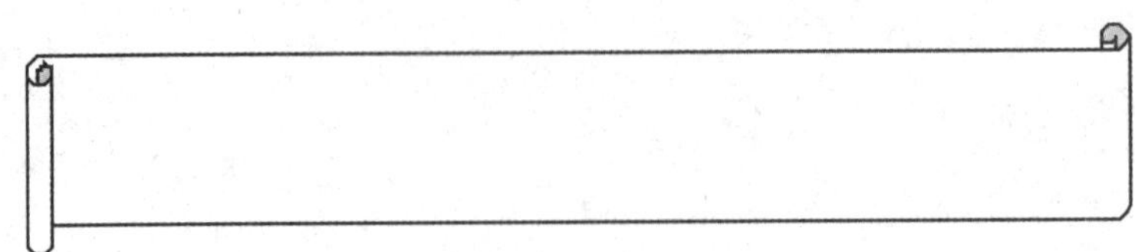

韵味诗词诵读节日

端 午[1]

(唐)文秀

节分端午自谁言，万古传闻为屈原。

堪笑[2]楚江[3]空渺渺，不能洗得直臣[4]冤。

【注释】

①端午：即端午节。

②堪笑：可笑。

③楚江：楚国境内的江河，此处指汨罗江。

④直臣：正直之臣，此处指屈原。

【赏析】

这首诗是唐代诗人文秀所作。诗中写道，端午节自古以来就是为了纪念屈原的。楚江虽然空阔浩渺，也不能洗刷尽忠臣的冤情。诗人面对楚江追思感慨，为什么如此宽阔的大江，就不能包容一颗爱国的心，不能为敢于说真话的人洗刷冤屈呢？整首诗强烈地表达了诗人对屈原的同情，以及对那些昏君奸臣的抨击和鞭挞（tà）。

减字木兰花[1]·竞渡[2]

(宋)黄裳

红旗高举，飞出深深杨柳渚(zhǔ)[3]。鼓击春雷，直破烟波远远回。

欢声震地，惊退万人争战气。金碧楼西[4]，衔得锦标第一归。

【注释】

①减字木兰花：词牌名。

②竞渡：划船比赛。每年端午节的一种传统风俗。

③杨柳渚：长着茂密杨柳的小洲处。

④金碧楼西：领奖处装饰得金碧辉煌。

【赏析】

这首词描写了龙舟在水面上你争我赶，人们在岸上高声呐喊的热闹情景。展现了龙舟竞渡夺标的激烈紧张场面。整首词语言精练、用词生动形象，其中“飞出”“直破”“衔”等词生动传神，形象表现了龙舟比赛的激烈和紧张，渲染了竞赛气氛，真实地再现了当日龙舟竞渡、观者如云的情景，细细品读，饶有情趣。

名家名作感悟节日

端午日

沈从文

这里的税关是指旧时在水陆交通、商人聚集的地方，所设的收税机关。

端午日，当地妇女、小孩子，莫不穿上新衣服，额角上用雄黄蘸酒画了个“王”字。家家户户到了这天一定要吃鱼吃肉。

大约上午十一点钟，全茶峒（dòng）人吃了午饭，在城里住家的，莫不倒锁了门，全家出城到河边看划船。河街有熟人的，可到河街吊脚楼门口边看，不然就站在税关门口与各个码头上看。这一天军官、税官以及当地有身份的人，莫不在税关前看热闹。

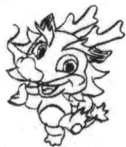

划船的事各人在数天以前就早有了准备，分组分帮，各自选出了若干身体结实、手脚伶俐的小伙子，在潭中练习进退。

船只的形式，与平常木船大不相同，形体一律又长又狭，两头高高翘起，船身绘着朱红颜色长线，平常时节多放在河边干燥的洞穴里，要用它时，拖下水去。每只船可坐十二个到十八个桨手，一个带头的，一个鼓手，一个锣手。

作者细心地观察了赛船的盛况，用细腻的手法对赛船的准备、比赛和获胜进行了场面描写。条理清楚，层次分明。

桨手每人持一支短桨，随了鼓声缓促为节拍，把船向前划去。坐在船头上，头上缠裹着红布包头，手上拿两支小令旗，左右挥动，指挥船只的进退。擂鼓打锣的，多坐在船只的中部，船一划动便即刻嘭嘭铛铛把锣鼓很单纯地敲打起来，为划桨水手调理下桨节拍。船的快慢都靠鼓声，所以每当两只船竞赛到激烈时，鼓声如雷鸣，加上两岸人呐喊助威，便使人感到地动山摇。

凡是把船划到前面一点的，就可以在税关前领赏，一匹红布，一块小银牌，缠挂到船上某一个人头上去，显出这一船合作努力的光荣。好事的军人，当每次某一只船胜利时，会在水边放些表示胜利庆祝的五百响鞭炮。

船与船的竞赛，直到天晚才结束。

（本文节选自沈从文的《端午日》，有删改）

名作欣赏

作者沈从文是我国现代著名作家。文章描写了湘西端午节这天人们赛龙舟的场面，集中展现了湘西人们赛龙舟的激烈场景和奋发向上、合作争先的精神。

在场面描写时，作者用词准确、注重细节，选择不同的角度来描写人们对端午节的重视和对赛龙舟活动的热爱。文中的三个“莫”充分体现了端午日赛龙舟这个传统活动在人们心目中的重要位置。写赛龙船场面时，作者运用了一系列准确而生动的词语，写出桨手、带头的、鼓手、锣手特有的动作，表现了赛船场面的热烈气氛。

文章纹路清晰，渐次展开，既凸显了重点场景，又给人留下了整体印象。场面描写细致，内容详略得当，为我们展现了一幅湘西激烈喜悦的龙舟竞赛图，写作方法值得我们好好学习。

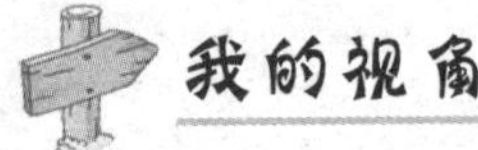

我的视角

视角一：

作者重点选取了赛龙舟这一精彩盛况，读后犹如身临其境，比赛的激烈场面如在眼前，令人热血沸腾。

视角二：

文章中的场面描写详略得当，用词准确，层次分明。

我的视角：

____

____

我的摘录

好词：

身体结实　手脚伶俐

____

佳句：

船的快慢都靠鼓声，所以每当两只船竞赛到激烈时，鼓声如雷鸣，加上两岸人呐喊助威，便使人感到地动山摇。

____

____

我的思考

1. 文章主要描写了哪三个场面？

2. 这是一篇描写端午日赛龙舟的短文，本文是按照什么顺序来写的？从文中形象生动的语言描写中，表现了人们怎样的精神？

笔下生花练写节日

同学们，请选择端午节中一样物品（如粽子、香包、药酒、豆糕等）的制作过程写一篇说明文。要求把制作的过程写清楚，运用列数字、打比方、举例子等说明方法进行表达，用词要准确，详略应得当。

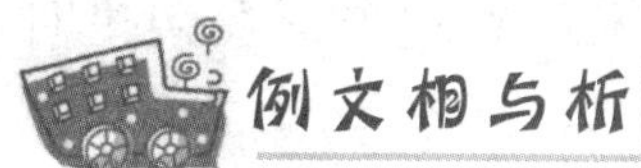

例文相与析

包粽子

（西安市翠华路小学曲江分校　高嘉泉）

众所周知，粽子是在端午节为纪念伟大诗人屈原而来的。殊不知，包粽子也是屈原给教的。屈原投江后，人们用竹筒装米，投江祭奠。据记载：汉代长沙人梦见屈原对他说："你们祭祀的筒粽，都被蛟龙偷去了，以后用艾叶包住，五线丝捆绑，蛟龙最怕这两样东西。"于是人们做成角黍，相传至今。

要想包出好粽子选料是关键。首先，要选上等的糯米，乳白色，颗粒均匀的，这样的糯米黏度高，口感好。其次，挑选粽叶不能要颜色太绿的，而要选颜色偏黄一点的。粽叶的大小，宽度约 5 厘米、长度约 25 厘米的比较合适。至于粽子的馅料，可根据个人不同的口味，准备好大枣、豆沙、五花肉等。

材料备好后，就进入准备阶段。将选好的糯米放到一个大盆中用水浸泡大约 3 个小时，让糯米充分地吸足水分，膨胀变大。浸泡后的米粒就像一个个小胖墩一样，挨挤在一起，十分可爱。在浸泡糯米的同时，将买来的粽叶也要浸泡在清水中，并反复进行清洗，将粽叶洗刷干净。干巴巴的粽叶，经过浸泡后，像刚睡醒似的，伸直了腰身，神采奕奕地舒展在水中。一盆白花花的糯米，一盆干净的粽叶，各种别具特色的粽馅儿摆放整齐，包粽子的准备工作就做好了。

（翠华路小学曲江分校　李军红）

接下来是包粽子，这可是个技术活，要心灵手巧、细心专注。首先，找一个干净的木案搭在浸泡粽叶的盆上，像是搭了座小桥，前来包粽子的人围在旁边。然后将泡好的粽叶捞出三四片，平铺在木案上，一片压着一片叠放，宽度大约有 10 厘米。用手小心地将叠放好的粽叶轻轻拿起来，用右手大拇指捏着粽叶的根部，左手将粽叶以大拇指为中心缠绕出一个锥形的小桶，中心是空的，底部是尖的，这样包出来的粽子形状最好看。然后就可以捞出泡好的糯米，一点一点地放到这个“小桶”中，用手轻轻地压一压，再放上各种粽馅儿。再用剩余的粽叶紧贴糯米慢慢缠绕，将糯米包裹起来，在包裹时要注意保持锥形的“小桶”形状不变，形成一个有四个角的金字塔形状。最后绑上五色丝线系好粽叶，一个漂亮的粽子就包好了。

粽子包好后，就把它们放入大锅中，煮上 5 到 6 个小时。煮好后，揭开锅盖，粽子的清香沁人心脾，一下子就会勾起人的食欲。轻轻解开丝线，剥开粽叶，晶莹透亮的粽子呈现在眼前，活生生一个胖娃娃，咬一口，黏黏的、甜甜的，即便是三闾大夫屈原吃了，也会赞赏的！

例文相析会

主持老师：文章选材典型，主题突出，并且把包粽子与诗人屈原相联系，凸显了文化内容，首尾呼应，构思巧妙。

甲同学：包粽子的过程使用了表示先后顺序的词，层次分明，将包粽子的具体过程呈现在我们面前。

乙同学：我感到文章在介绍包粽子过程时，语言并不枯燥，运用了打比方和列数字的说明方法，让人读起来既形象又生动，语言表达也准确。

丙同学：我觉得文章有几处写的不细致。比如在粽身上绑五彩线，最好能清楚地描述一下是哪五种颜色的线，在什么位置，怎样缠绕在粽子身上的，最后如何打结的，这样大家读后就清楚明白了。

佳作摘读

用丝线缠粽子，是旧时北方小姑娘用女红材料做的有季节性的玩具。先用硬纸做一个粽子形，然后用各色丝绒线缠绕下去。配色最使我快乐，我随心所欲地配各种颜色。粽子缠好后，下面做上穗子，也许穿上几颗珠子，全凭自己的安排。缠粽子是在端午节前很多天就开始了，到了端午节早已做好，有的送人，有的自己留着挂吊起来。

——摘自林海音《我的童玩》

在布谷鸟的声声呼唤中，伴着荷韵的清凉、桃李的芬芳、粽子的飘香，一个让中国人魂牵梦绕的节日——端午节来到了我们身边。端午节，一个文化的节日，一个承载着中国文化人梦想与追求，历经千载，跨越时空，感动了无数国人心灵的节日。这一天，中国人放下手头的工作，带着快乐的心情，不约而同地走出家门，走进大自然，走向江河湖海，一切有水的地方，在喧天的锣鼓声中，龙舟竞发，万船飞渡，用一场盛大的民族狂欢，来宣泄和释放中华民族无与伦比的生命激情。

——摘自《端午抒怀》

清明过后，天气越来越暖了，野花开了，草也长高了，这时端午节来了。家家户户提前把风干的粽叶泡好，将糯米也泡好，包粽子的工作就开始了。粽子一般都包成菱形，若是用五彩线捆粽叶的话，粽子看上去就像花荷包了。粽子里通常要夹馅的，爱吃甜的就夹上红枣和豆沙，爱吃咸的就夹上一块腌肉。粽子蒸熟后，要放到凉水中浸着，这样放个两天三天都不会坏。

——摘自迟子建《故乡的吃食》

动手动脑体验节日

动手做一做

同学们，端午节快到啦！为了丰富节日内容，我们组织一次缝制香包比赛，比一比，看看谁是“端午小巧手”。

制作内容：香包

物料准备：纱布、香包、粉布、剪刀、针线

制作步骤：

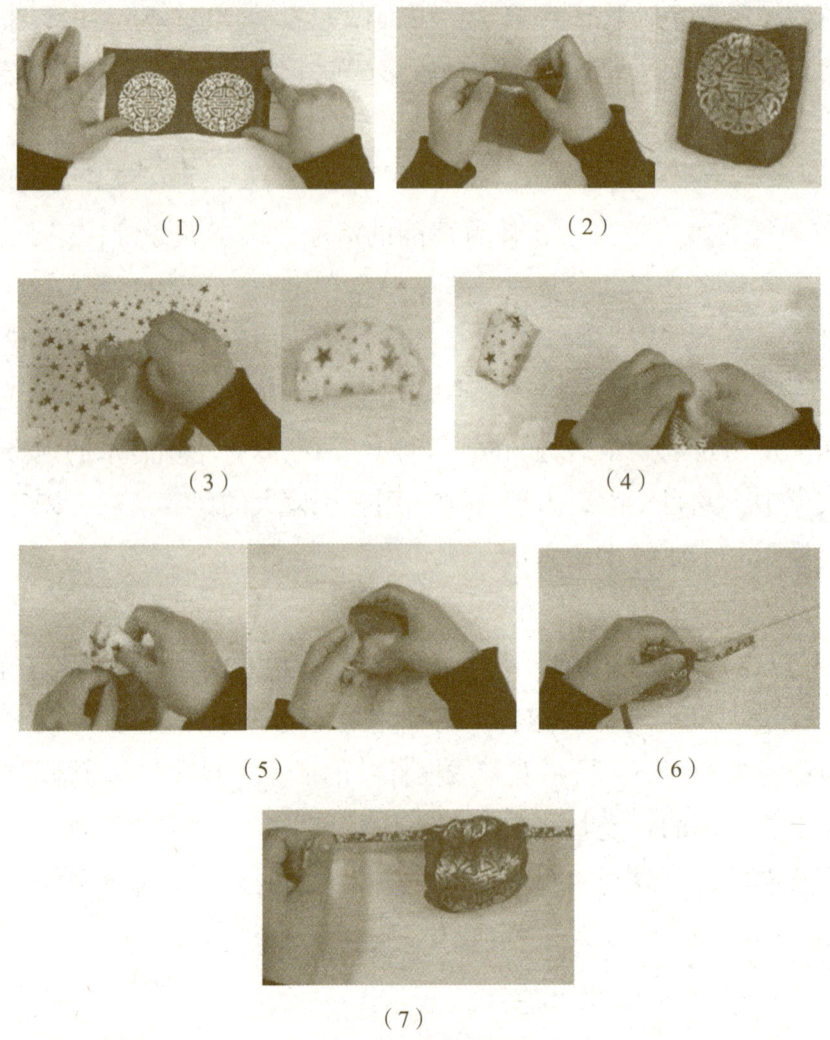

（1）　（2）

（3）　（4）

（5）　（6）

（7）

（1）准备一块长条形的布，将其翻到背面。

（2）用锁缝法将布的边缘缝合，留出一个口子，这样就形成了一个袋子，再将袋子的正面翻出来。

（3）打开香包粉，倒入纱布中，然后包好。

（4）往刚刚做好的袋子里先塞入一些填充棉。

（5）将纱布包放入袋子中，再塞入一些填充棉。

（6）取一根丝带，放在布袋的口子上，将两边向下翻好，用平针法缝合，注意不要缝住丝带。

（7）缝好之后将丝带一抽，我们的简易小香包就做好啦！

注意事项：

如果想要长期佩戴香袋，达到驱虫治病的效果，将香袋的香料15天换一次即可。

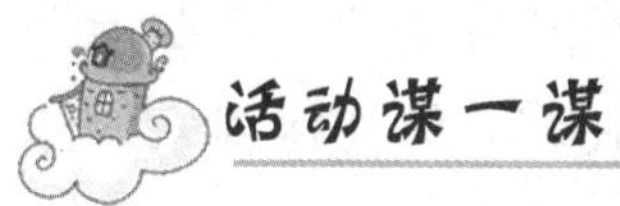

活动谋一谋

屈原是端午节的灵魂。为了感受这个节日灵魂之美，让我们通过重温郭沫若先生编写的历史剧《屈原》，穿越时空，与屈原在一起。

活动项目：表演历史剧《屈原》

活动目的：熟悉郭沫若历史剧《屈原》的剧本内容，表演历史剧《屈原》，体会屈原的爱国精神。

活动策划：

1. 第一阶段

（1）查找郭沫若历史剧《屈原》的剧本，在老师帮助下熟悉剧本的内容，并且熟读成诵。

（2）根据剧本的人物，确定组内表演的角色，认真背诵剧本中人物的台词。

2. 第二阶段

（1）利用课余时间进行剧本人物台词的彩排，人物台词达到完全背过，对答流畅。

（2）根据人物性格和台词内容，设计表演的动作，进行练习和彩排。

3. 第三阶段

（1）租借人物服装，彩排表演的动作，确定舞台表演的位置。

（2）编写演出公告，张贴醒目位置。

（3）正式表演。

4. 第四阶段

回顾小结活动过程，畅谈活动感受。

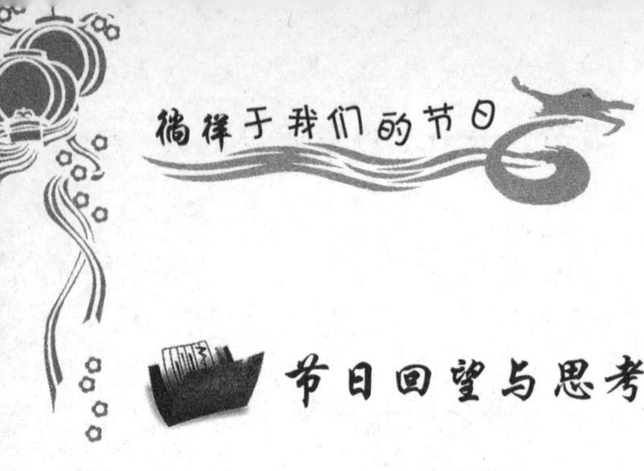

节日回望与思考

端午节原初是驱瘟、除邪、止恶气的，因为某种契机，在节日风俗中积淀了民众的历史情感。屈原的爱国精神和高洁人格为世所共仰，人们借助节日活动寄托着对这位伟大诗人的崇敬之情。节日风俗因历史文化因素的注入，获得了更强的生命力而行之久远。

1. 屈原作为节日的主角有什么重要意义？
2. 你和历史中的屈原能产生共鸣吗？为什么？
3. 在端午节不能称“节日快乐”，对吗？

第七章

七夕节——世间离恨何年罢

七夕节，又叫乞巧节、穿针节、女儿节。

这一天，牛郎和织女的鹊桥相会，是人们忠贞爱情，追求幸福生活的写照，是人们不畏险阻，梦想自由之光的显现，也是人们在承担生命悲苦的土地上，开出的文明之花。

我们应该感谢老牛和喜鹊，正是因为它们的爱心付出，使有情人得以在天地间最美的“彩虹”相见。

我们还应该像感谢苦难一样感谢王母娘娘，没有她的考验，怎么能迸发出人性之万丈光辉。

我们珍爱生活，我们渴望自由，我们感谢苦难，我们明白自由和约束总是如影随形。

华夏文化传承节日

牛郎织女的传说

很久以前，南阳城西牛家庄有个敦厚老实的小伙子叫牛郎。他父母早亡，与哥嫂一起生活，却遭到嫂子的嫌弃和虐（nüè）待。有一天，嫂子给他九头牛去放，逼他没有十头牛就不要回家。牛郎很无奈，路遇一位老人告诉他伏牛山有一头病重的牛，他便赶紧去伏牛山找牛。他细心照料老牛多天后，赶着病好的牛回到家。

嫂子见到十头牛和牛郎，无奈先让他们住下，可没过多久，又找了其它理由，赶走了牛郎。

从此，牛郎和老牛相依为命。一天，天上七仙女下凡在河里洗澡，老牛帮助牛郎认识了七仙女之一的织女。两人一见面互生情意，织女便偷偷来到人间，做了牛郎的妻子。生下一儿一女，生活得很幸福。但好景不长，这事很快被王母娘娘知道了。她强行把织女带回天上，活生生地拆散了一对恩爱的夫妻。

牛郎苦于上天无路，老牛告诉他，在它死后，可以用它的皮做成鞋，穿着它就能飞上天找回妻子。牛郎按照老牛的话，穿上牛皮做的鞋，用担子挑着一对儿女，腾云驾雾追赶织女。眼见就要追到了，谁知王母娘娘拔下头上的金簪（zān）一挥，一道波涛汹涌的天河把牛郎和织女隔在两岸，二人只能相对哭泣流泪。喜鹊被他们的忠贞爱情感动了，成千上万只地飞来搭成鹊桥，让牛郎织女走上鹊桥相会。王母娘娘无奈，只好允许两人在每年七月七日于鹊桥相会。

从此以后，每到农历七月初七，便是牛郎织女鹊桥相会的日子。

多样习俗守望节日

乞　巧

乞巧源于汉代，每逢七月初七，姑娘们就会来到花前月下，仰望星空，寻找银河两边的牛郎星和织女星，乞求上天让自己也能像织女那样心灵手巧，祈祷自己也能有个称心如意的婚姻。于是就形成了穿针乞巧、喜蛛应巧、投针验巧等习俗活动。

种生求子

过去，人们在七夕前一两天将绿豆、小豆、小麦等浸泡在瓷碗中，等到豆子长出新芽，再用红、蓝色丝带扎成一束称为"种生"。手巧的人们还用蜡塑成牛郎、织女、鸳鸯（yuān yāng）等样子放在水上浮游，称之为"水上浮"。

（西安市大雁塔小学　饶芷萁）

贺牛生日

古代儿童在七夕之日采摘野花挂在牛角上，"贺牛生日"。传说老牛为了让牛郎能够上天见到织女，献出自己的牛皮让牛郎做鞋穿。人们为了纪念老牛的牺牲精神，便形成了"为牛庆生"的风俗习惯。

吃巧果

巧果，又名"乞巧果子"，是七夕时最为出名的应节食品。宋朝的市街上多有出售。若购买一斤巧果，其中还会有一对身披战甲，如门神的人偶，号称"果食将军"。手巧的女子，还会捏塑出各种与七夕传说有关的花样。

拜魁（kuí）星

魁星，即魁斗星，是二十八宿中的奎星，为北斗七星的第一颗星。魁星主掌考试运，古代士子中状元，称“大魁天下士”或“一举夺魁”。七月初七是魁星的生日，闽（mǐn）东一带读书人有“七夕”在月光下“拜魁星”的习俗，祈求保佑自己考运亨通。

趣味闯关

第一关：涂一涂（你知道的七夕习俗有哪些，就把词语前面的星星涂上颜色。）

☆拜织女　☆喝腊八粥　☆穿针乞巧　☆吃粽子

☆迎仙　☆赛龙舟　☆拜魁星　☆贴春联

☆吃巧果　☆插茱萸　☆贺牛生日　☆晒书

第二关：选一选

1. 七夕节是（　　）。

A. 公历7月7日　B. 农历七月初七

C. 农历五月初五　D. 公历五月初五

2. 农历七月初七是（　　）的生日。

A. 织女星　B. 牛郎星　C. 魁星　D. 王母娘娘

3. 杭州、宁波等地在七夕节那天，用面粉制成小型物状，用油煎炸后称（　　）。

A. 巧果　B. 馓（sǎn）子　C. 油果子　D. 炸果

4. 七夕的习俗是（　　）。

A. 猜灯谜　B. 拜魁星　C. 守岁　D. 放爆竹

第三关：连一连

两情若是长久时	在地愿为连理枝
迢迢牵牛星	无缘对面不相逢
有缘千里来相会	皎皎河汉女
在天愿为比翼鸟	又岂在朝朝暮暮

韵味诗词诵读节日

乞　巧[1]

（唐）林杰

七夕今宵看碧霄[2]，
牵牛织女渡河[3]桥。
家家乞巧望秋月，
穿尽红丝几万条。

【注释】

①乞巧：古代节日，在农历七月初七，又名“七夕”。

②碧霄：浩瀚的青天。

③河：这里指银河。

过去，七夕的民间活动主要是乞巧，即向织女乞求一双巧手。

【赏析】

这首诗是唐代诗人林杰对民间乞巧盛况的描写。人们用对月穿针这一独特方式表达美好的愿望。诗人对乞巧的美妙传说很感兴趣，他仰观深邃的夜空里灿烂的天河，关注天河两侧耀眼的两颗星，期待看到这两颗星得以相聚，于是写下了这首诗。

迢（tiáo）迢牵牛星

（汉）佚名[①]

迢迢[②]牵牛星[③]，皎皎[④]河汉女[⑤]。
纤纤擢（zhuó）素手，[⑥] 札（zhá）札弄机杼（zhù）[⑦]。
终日不成章[⑧]，泣涕零[⑨]如雨。
河汉清且浅，相去复几许？[⑩]
盈盈[⑪] 一水间，脉（mò）脉[⑫] 不得语。

【注释】

①此诗是《古诗十九首》之一。《古诗十九首》，作者不详，时代大约在东汉末年。

②迢迢：遥远。

③牵牛星：隔银河和织女星相对，俗称"牛郎星"，是天鹰星座的主星，在银河南。

④皎皎：明亮。

⑤河汉女：指织女星是天琴星座的主星，在银河北。织女星与牵牛星隔河相对。河汉，即银河。

⑥这句诗是说，伸出细长而白皙的手。擢：伸出。

⑦札札弄机杼：正摆弄着织机（织着布），发出札札的织布声。

⑧终日不成章：是用《诗经·大东》的语意，说织女终日也织不成布。《诗经》原意是织女徒有虚名，不会织布，这里则是说织女无心织布。

⑨零：落。

⑩这两句诗是说，织女和牵牛二星彼此只隔着一条银河，相距才有多远！几许：多少。

⑪盈盈：清澈、晶莹的样子。

⑫脉脉：含情凝视的样子。

【赏析】

这首诗以第三者的眼睛观察牛郎织女夫妇的离别之苦。开头两句揭示了故事发生的环境，三至六句从正面描写了诗中的女主人公劳动时的形态和神情，七至十句是诗人通过思妇对牛郎织女这一对天上有情人相爱而不能相聚的悲剧发出的慨叹。诗中多处使用"迢迢""皎皎""纤纤""札札""盈盈""脉脉"等叠音词，传神地描写出人和物的音、形、情、态，不但使诗具有很强的节奏感、形象性，而且引起人们对爱情、对生命、对宇宙的思考。

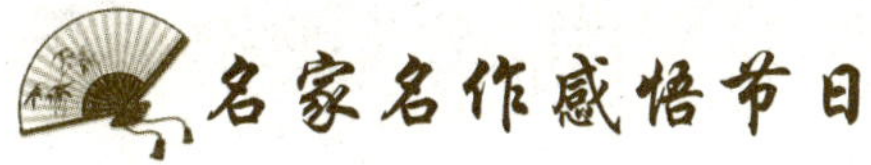

名家名作感悟节日

诗意七夕

曹晓花

每逢七月七，人们都禁不住去翻阅一个凄美的爱情故事：牛郎织女。这个美丽的传说，成就了一个浪漫的节日，美好了无数人的心灵。是日，每一颗星，每一缕风，每一声虫鸣，都似乎在屏气凝神，期待着一场世纪约会的到来。

七夕，是每一个文人笔下的一世情长。晴朗的七夕之夜，繁星闪耀，白茫茫像天桥一样的银河横贯南北；在银河的东西两岸，牵牛星和织女星，遥遥相对，隔河相望。民间传说，等到夜深人静之时，天上的织女与牛郎就能够在鹊桥相会。

“迢迢牵牛星，皎皎河汉女。纤纤擢素手，札札弄机杼。终日不成章，泣涕零如雨。河汉清且浅，相去复几许？盈盈一水间，脉脉不得语。”这首东汉无名氏的《迢迢牵牛星》，把牛郎织女那一个神话传说演绎成一段充满了柔情蜜意的爱情故事。银河之南的牵牛深情地凝望着银河之北的织女，织女纤细而柔美雪白的双手向前伸起，幽怨地摆弄着织布机。她始终无法织出一块完整的布，泣如雨下。

在唐人白居易那里，七月七日是唐玄宗与杨玉环长生殿相见之日。七夕夜半，爱人许下山盟海誓：“在天愿做比翼鸟，在地愿为连理枝。天长地久有时尽，此恨绵绵无绝期”。

“一道鹊桥横渺渺，千声玉佩过玲玲。别离还有经年客，怅望不如河鼓星。”仙鹊架起了小桥于渺渺银河之上，环佩轻盈作响，款款走来神话中的女子玲珑的身影。这亘古不变的别离，年复一年地不曾停息。怅然间，凝望天上牛郎星，

年年的今日，是这样光华如明，诗人徐凝发现自己是如此渺小，如此不值一提！他不仅仅是描写牛郎织女的爱情故事，更是借景抒怀，以牛郎织女的相聚分离，来反映人世间众多的离愁别绪。

而宋人秦观则在七夕喊出了“两情若是久长时，又岂在朝朝暮暮”的爱情宣言。轻柔多姿的云彩，变化出许多优美巧妙的图案，星儿呢喃，风儿轻柔，此时，一对久别的情侣在金风玉露之夜、碧落银河之畔相会了，这美好的一刻，就抵得上人间千遍万遍的相会。他们二人两情相会的情意就像是流水那样的温柔缠绵。诗人不是像大多人那样“多情自古伤离别”，而是发出了高亢之声：假如两人的爱情是真诚长久的，何必一定要朝夕相守呢？

七夕，是中国人的爱情节，在悠悠的七夕之夜，不需有太多的狂欢，只需抬头一望星空，飞鹊盈桥，仙人指路，瓜棚下，花架下，善良的人们分享着一场持续了千年的约会。今夜柔情似水，撒向懂爱知爱的人啊，流传千古。诗意七夕，彼此相依，我在彼岸，等你来渡……

（本文节选自曹晓花的《诗意七夕》，有删改）

名作欣赏

牛郎织女的爱情，是生活在滚滚红尘中，又不染一丝尘埃的爱情。爱得透明，爱得纯净，爱得令人好生心疼；无论是两两相望，还是相顾无言，也断不了这因果，绝不了这尘缘。

七夕何夕，岁已失期，鹊上七夕，谁与相遇？在作者笔下，在白居易、徐凝、秦观等人的诗词中，我们知道了天上牛郎与织女美丽而又坚贞的爱情悲剧；感受到秦观高尚、纯洁的爱情价值观。我们好像读懂了七夕，读懂了爱情。

这篇文章在段首引用关于七夕古诗词，既领起全篇，又使文章散发出浓浓的书卷气和文化气，更能让阅卷者立刻“窥”到作者的文化积淀和人文素养。

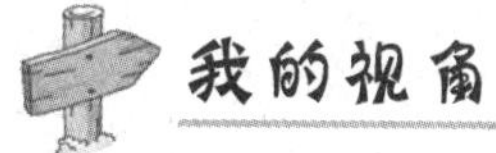

视角一：

从一系列的古诗词中可以感受到七夕节的浪漫氛围，自古至今表达了人们对纯洁情感的向往。

视角二：

我学会了“引用”这种修辞方法。在文章的标题、首段、末尾等都可以嵌入古典诗文名句。

我的视角：

____

____

我的摘录

好词：

屏气凝神　繁星闪耀

____

佳句：

晴朗的七夕之夜，繁星闪耀，白茫茫像天桥一样的银河横贯南北；在银河的东西两岸，牵牛星和织女星，遥遥相对，隔河相望。

____

____

我的思考

1. 中国传统节日蕴含着深厚的文化底蕴和民族特点，七夕节有哪些主要的文化内涵呢?

2. 关于七夕的古诗你还知道哪些？借助网络查一查，记一记吧。再把白居易《长恨歌》的节选内容正确、美观地抄写下来吧。

长恨歌（节选）

（唐）白居易

七月七日长生殿，夜半无人私语时。
在天愿作比翼鸟，在地愿为连理枝。
天长地久有时尽，此恨绵绵无绝期。

笔下生花练写节日

诗句“盈盈一水间，脉脉不得语”，虽然道出了牛郎织女相爱而不能相聚的悲剧，但为七夕节增添了几分浪漫的色彩，也为我们的习作提供了素材。此次习作训练请以“牛郎织女”的传说故事为依据，引用你积累的相关古诗词，大胆展开想象，续写一篇牛郎和织女的传奇穿越故事吧。

例文相与析

七夕节的畅想

（西安市大雁塔小学　聂佳霖）

今年七夕，西安城的月亮尖尖地倒挂在空中，静静地洒下一片柔弱的光。我的思绪随着月光回到外婆家。

外婆家在福建的一个乡村，那里青山绿水，民风淳朴。每年暑假我都闹着爸爸妈妈回外婆家，因为回家我就能吃到最爱的巧果了。

记得外婆村的人过七夕像过大年一样十分热闹。家家户户的桌子上都会摆上巧果。外婆告诉我，巧果又叫乞巧果子，是七夕应节食品，由油、面、糖、蜜做成。看见外婆进了厨房，我好奇地跟了进去。只见她先将白糖放入锅中，加热后慢慢溶为糖浆，看上去十分稠黏，再和入面粉和芝麻，然后放到阳台上晾晒，最后用油炸成金黄色，巧果便制成了。我看隔壁家手巧的姑娘，会在上面刻上图案或捏成跟七夕有关的花样，雕成奇花异鸟，十分惹人喜欢。

夜晚，我看见几个女孩在树丛里寻找蜘蛛的踪影，她们小心翼翼地捉起蜘蛛，轻轻放入一个小盒子中，盒子上的花纹也极其富有特色。我看着她们满怀期待地把盒子放在床头，期待着明天晨曦升起，迫不及待地打开盒子。如果蜘蛛网结得越密，得巧就越多。我突然意识到，七夕带给人的不仅仅是节日的喜悦，更带给女孩子们一种美好的祈愿。

夜晚我坐在躺椅上，扇着竹条编成的扇子，耳边传来了阵阵抑扬顿挫的吟诗声："金风玉露一相逢，便胜却人间无数。""两情若是久长时，又岂在朝朝暮暮。"心中细细思考其中的韵味，我不禁感叹七夕在古人心中的地位。而现代人依旧对那流传千古的故事充满好奇，对那传颂千古的爱情依然向往。

如今每个人都希望得到像牛郎织女般永恒的爱，即使宽阔的银河也不能隔断的感情。虽说我依旧是个小女孩，可在脑海里也会不停地描绘自己爱情的形状和色彩，而我更加向往的是，在绵绵长空中不朽的依恋，他们把爱融入自己的生活，从而去爱生活中的所有。

在梦里总有这样的一个画面：烟雨朦胧的鹊桥上，一个素色的身影轻轻走过，画面中撑着一把茶色油纸伞，悄然掠过牛郎的身旁，一阵风吹落了油纸伞，随风飞起的裙摆、丝带缕缕斜盖住了半边银河。月光下的灯光，依稀泛着金色，丝丝点点地投射在两人的脸上。兀（wù）自绵长的遥想时，空寂的夜晚，我站在他们的不远处，在葡萄藤下听相思，抬头便望向织女星和牵牛星。或许真是命运的捉弄，注定让他们的距离那么遥远，可我总觉得他们并不缺少什么，他们在最短的时间内，给予了对方永恒。

例文相析会

主持老师：浪漫而传统的七夕节让小作者畅想到什么呢?

甲同学：作者想到了小时候奶奶做巧果的事情，并且用了表示先后顺序的词语，把制作的经过叙述得很清楚。

乙同学：小作者以“七夕节的畅想”为题，但是只在结尾一段大胆想象了牛郎和织女会面的情景，主次不够明确，重点不够突出。

丙同学：我想几十年后，牛郎织女和他们的后人齐聚一堂，其乐融融。

佳作摘读

烟霄微月澹（dàn）长空，银汉秋期万古同。几许欢情与离恨，年年并在此宵中。

——摘自唐代白居易《七夕》

天阶夜色凉如水，坐看牵牛织女星。

——摘自唐代杜牧《秋夕》

牵牛出河西，织女处其东。万古永相望，七夕谁见同。

——摘自唐代杜甫《牵牛织女》

最富有日本特色的七夕风俗是写纸笺（jiān）许愿。七夕节期间，日本的神社、商店等公共场所都会辟出专门的地方，移栽一丛婆娑的翠竹。人们在五色纸笺上写下自己的心愿，用丝或线将纸笺挂到竹枝上。在靠海的地方，人们通常在七月七日这一天凌晨，趁天还没亮的时候，把写着自己心愿的纸笺扔到海里。

——摘自毕淑敏《阳历的七夕》

动手动脑体验节日

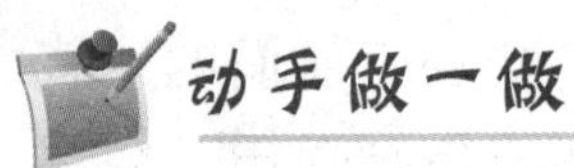

动手做一做

七夕节，原名为乞巧节。“乞巧”是向神灵讨要智慧、乞求幸福的意思。我们一起动手进行一次穿针引线验巧，体验传统节日的习俗吧。

制作内容：沙包

物料准备：一根针、一卷线、一把剪刀、沙包布 6 片、一些黄豆（或沙子）

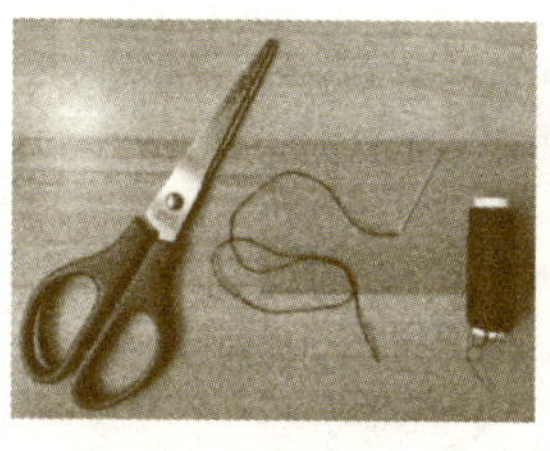
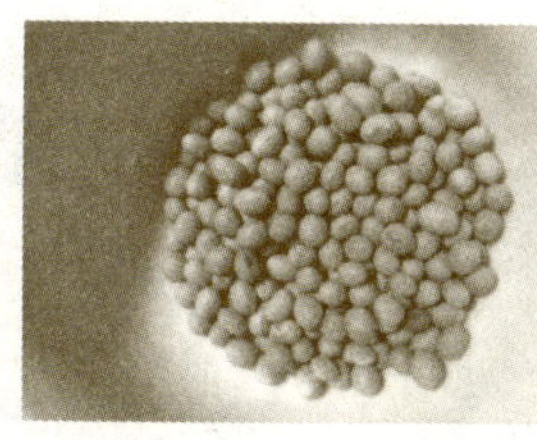

制作步骤：

第一步：剪裁。

首先收集碎布，把布剪成大小一样的六片正方形，备用。

第二步：缝成立方体。

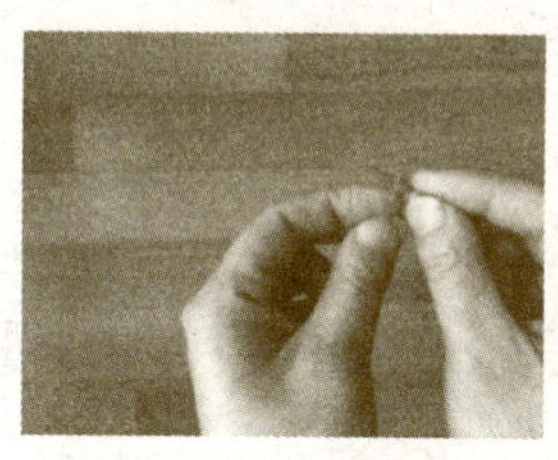
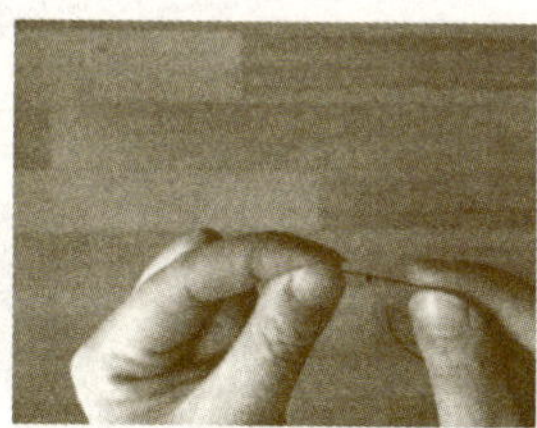
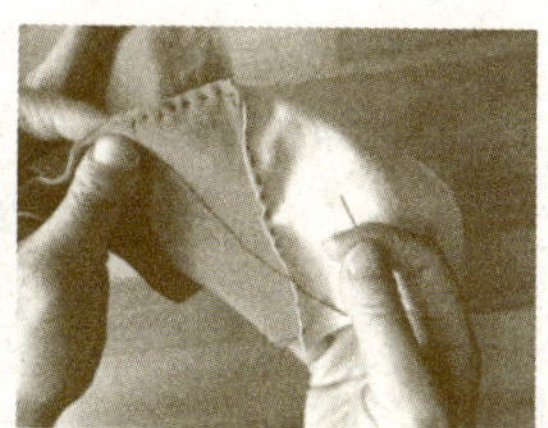

（1）穿针、引线、打结。

（2）先分别把四块正方形的布一边缝到一块正方形布的四个边上。

（3）这样就形成了一个十字，然后把周围四块布的相邻两边缝起来。

（4）这样就形成了一个没有盖的立方体，然后把最后一块正方形布缝到四方体的空着的四个边上。

（5）在缝最后一边时留下一半先不要缝。

第三步：翻立方体。

把缝好的立方体从空隙处翻过来，这样就把毛边的部分翻到里面，外面的边就变得整齐好看了。

第四步：填黄豆。

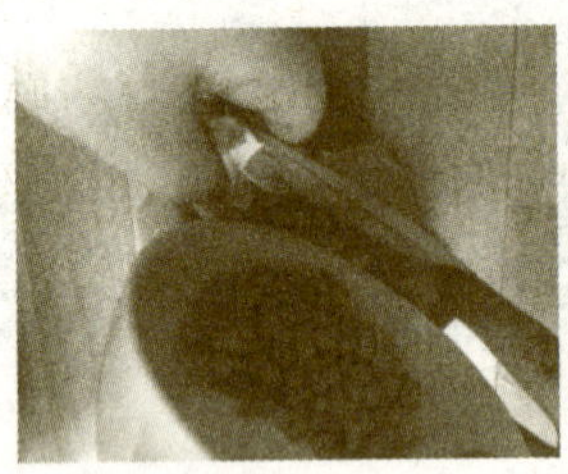
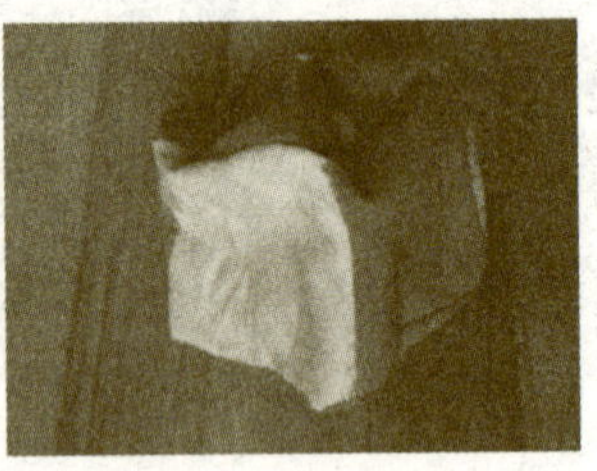

从没缝上的那个口向翻过来的沙包里填进豆子。不要填太多了，大概有沙包的二分之一就可以。

第五步：封口。

把豆子留口的地方缝好。要把两个毛边都向里折，然后缝起来才可以。

活动谋一谋

浪漫而美好的七夕节故事经久不衰。七夕夜晚和小伙伴们在葡萄架下试听牛郎织女的悄悄话。再讲讲听到的内容吧。

活动策划：

晚上 7：00—7：20 在小区入口处碰面。

晚上 7：30—7：50 葡萄架下听牛郎织女的悄悄话，和伙伴们交流感受。

晚上 7：50—8：20 讲七夕故事：在银河的东西两岸，各有一颗闪亮的星星，隔河相望，遥遥相对，那就是牵牛星和织女星。相传每年的这个夜晚，是天上织女与牛郎在鹊桥相会说悄悄话的时候。你听到他们说什么了吗？

晚上 8：30—9: 00 品七夕美食。分发七夕的应节食品——巧果，小伙伴们一起品尝

晚上 9：05—9: 15 集体合影，活动结束。

节日回望与思考

七夕节形成于汉代。汉代是一个历史和传说相当活跃的时代，牛郎和织女神话传说的流传和嵌入，给七夕节日的内涵做了重新诠释。七夕是牛郎织女一年一度的相会之时，因为天河之阻隔，相见之不易，才愈发显得唯美动人。乞巧，是指向织女乞求一双巧手。由拙而巧的过程，难道不是人们寻找自由的一段旅程吗？

1. 牛郎和织女的七夕相会，以及乞巧的习俗，分别象征或代表了什么？

2. 人们的自由是怎样被他们所处的环境影响的？

3. 牛郎和织女的神话故事中刻画的动物们，怎样体现了人类本性中最善良的一面？

第八章

中秋节——此时人月十分圆

中秋的月亮是圆的，中秋的心也是圆的。

人月两圆，团圆和谐是中华民族永恒的憧憬与追求，所以我们要拜月。

月亮为善，赐予大地露水，使五谷丰登，所以我们要祭月。

“此时相望不相闻，愿逐月华流照君。”月亮代表对远方亲人的思念，所以我们要借月。

“海上生明月，天涯共此时。”古今但赏中秋月，都为人间天上气清澈，所以我们要赏月。

“月有阴晴圆缺，人有悲欢离合。”也许明天又要各奔东西天各一方，所以我们要惜月。

今夜，每个华夏儿女心中都应有无比的温暖，因为我们人人拥有一轮明月。

华夏文化传承节日

中秋节溯源

“中秋”一词最早见于《周礼》。农历八月十五日刚好是秋季的中间，故称“中秋”，又称“秋节”“八月节”；又因中秋节的活动多与月和祈求团圆有关，故又称“月节”“月夕”“追月节”“玩月节”“拜月节”。

春节、清明节、端午节、中秋节并称为汉民族的四大传统节日。

魏晋时期，有中秋时节泛舟赏月的记载；唐初，中秋节成为固定的节日；宋朝，中秋节盛行；明清时，中秋节成为我国的主要节日之一。古代，帝王有秋天祭月的礼制，贵族和文人争相仿效。民间百姓秋收后，也自发祭月赏月，感谢大自然和先人的庇护。这也是家人团聚，增进亲情的时刻。

中秋节的起源有三种说法：一是源于上古时期的月亮崇拜；二是源于祭祀月亮女神嫦娥；三是源于古人在秋季为庆祝丰收而举行的祭祀土地神活动。这些说法都寄托着人类朴素的自然情感和美好的祝愿。

嫦娥奔月

相传，远古时候天上同时有十个太阳，庄稼被晒死了，人畜也难以为生。一个名叫后羿的英雄射下九个太阳，从此风调雨顺。因此人们敬重后羿。

一天，王母娘娘送给后羿一包不老药，服下即刻能升天成仙，但此药只够一个人服用。后羿不想撇下妻子，让她把药珍藏起来，不料被小人蓬蒙看见了，他想偷吃药自己成仙。八月十五这一天，蓬

蒙趁后羿外出之际，逼迫嫦娥交出不老药。嫦娥无奈，一口吞下，身子立时飘离地面，冲出窗口，飞上了离人间最近的月亮上成了仙。

当晚，后羿知情后，仰望着夜空呼唤妻子的名字。他惊奇地发现，月亮格外明亮，格外圆，而且月亮中有个身影酷似嫦娥。于是，赶紧摆好香案，摆放鲜果蜜食，遥祭嫦娥。

百姓们闻知此事，也在月下摆设香案，向善良的嫦娥祈求吉祥平安。从此，中秋节拜月的风俗在民间传开了。

吴刚伐桂

传说月亮上有一个广寒宫，广寒宫前有棵桂树生长繁茂，有五百多丈高。桂树下边有一个人不停地在砍伐它，但被砍的地方又立即合拢了。就这样随砍随合，几千年来这棵桂树也不曾被砍光。

（西安市翠华路小学　张天一）

砍树的人名叫吴刚，是汉朝西河人，曾跟随仙人修道升天。他犯了天戒，被贬谪（zhé）到月宫，日日做这种徒劳无功的苦差使，以示惩处。

多样习俗守望节日

祭　月

中秋节由传统的“祭月节”而来。古代天子以天为父，以地为母，以日为兄，以月为姊。天子祭天地、日月有示孝悌（tì），以此教民。现存北京的月坛，便是过去皇帝专门用于中秋节祭月的场所。

随着社会的发展，祭月风俗从宫廷逐渐影响到民间。当十五的圆月初升，人们便设案于庭院，祭拜月亮，表达祈求团团圆圆的美好意愿。供品有月饼、瓜果之类，多具圆形，取团圆之意。祭毕，家人围坐，饮桂花酒、吃月饼、赏明月，讲述有关月亮的故事。

拜　月

拜月是对月神的崇拜活动，老百姓多认为月神是女性嫦娥，称她为月姑或月姐。相传古代齐国丑女无盐，自小喜欢拜月，态度非常虔诚。长大后，因品德超群被选入后宫，却一直未获宠幸。某年八月十五夜，天子在月光下发现她清丽脱俗，气质独特，遂立她为皇后。中秋拜月由此而来。月中嫦娥以美貌著称，故少女拜月，愿“貌似嫦娥，面如皓月”。

赏　月

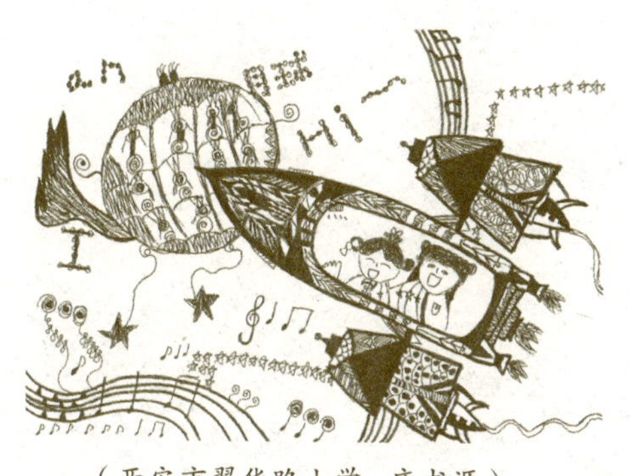

（西安市翠华路小学　鹿书源）

赏月之风源于祭月，庄严的祭祀过后要有轻松的娱乐。中秋赏月约始魏晋，及至唐代，赏月、玩月颇为流行；宋代更是市井不夜，玩月游人通宵不寐。

月在哪里？月在海上。“海上生明月，天涯共此时。”月在哪里？月在身边。“举杯邀明月，对影成三人。”月在哪里？月在水中。“楼高但任云飞过，池小能将月送来。”月在哪里？月在游子的心中。“露从今夜白，月是故乡明。”种种赏月，各有其妙，各得其乐。

吃月饼

中秋节吃月饼的习俗始于唐朝。北宋之时，在宫廷内流行，流传到民间后称“小饼”或“月团”，寓意团圆美好。这一习俗反映了人们对家人团聚的美好愿望，以及对亲朋好友深深的思念。

北宋诗人苏东坡有诗称赞说，“小饼如嚼月，中有酥与饴（yí）”。酥是油酥，饴就是糖，其味道甜美可想而知。南宋吴自牧的《梦粱录》一书，有“月饼”一词。到了清代，关于月饼的记载就多起来了，而且制作越来越精细。

历经上千年的积淀，中秋节吃月饼习俗不改，月饼翻新，皮馅各异。人们嘴里尝着百味千滋，心里装着万千亲情。放慢脚步，细品月饼，心随月舞，情随月圆。每当桂花飘香，圆月当空，家家户户打月饼、赏月、庆团圆，给人间增添了甜蜜情趣。

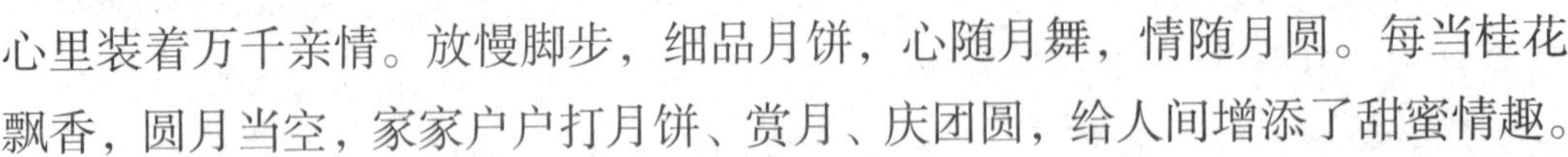

陕西中秋节民间讲究——“吃团圆饼，表团圆情”。每到中秋节，妇女们就开始忙活，和面、拌料，家家做团圆馍。这种饼有两层，中间夹芝麻，或裹糖。上层用大花碗扣一个圆圈，象征月亮；在圆圈周围用顶针、大针和梳子扎压出各种花纹，代表月宫和桂花树；仔细看，还有吴刚和嫦娥在散步，其状清晰可见；末了将从野外采回的各种野菜贴于花纹上，更美观可口。然后入锅，锅下燃起麦笕（jiǎn）火烙（lào）熟。全家赏月分食，以示团圆。

各地习俗

把你查到的各地中秋习俗也写到相应地域旁边。

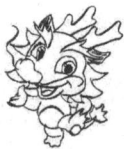

中国幅员辽阔风俗差异很大，以中秋节为例，各地区保持着自己独特的过节方式。

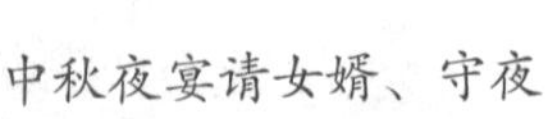

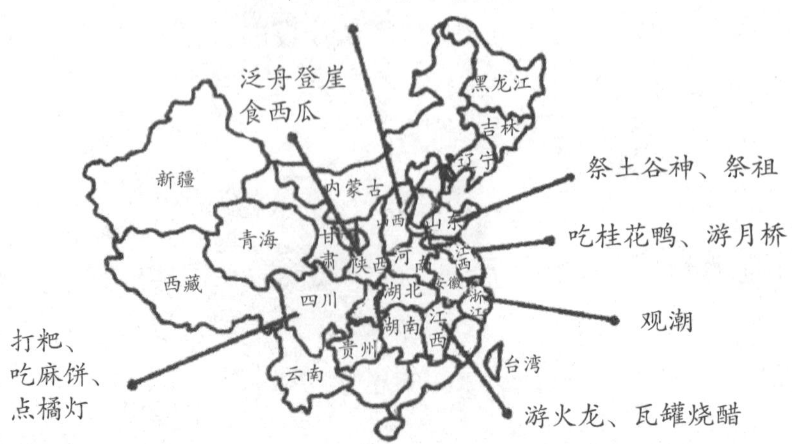

趣味闯关

第一关：填一填（把中秋节的别称填在小月亮上）

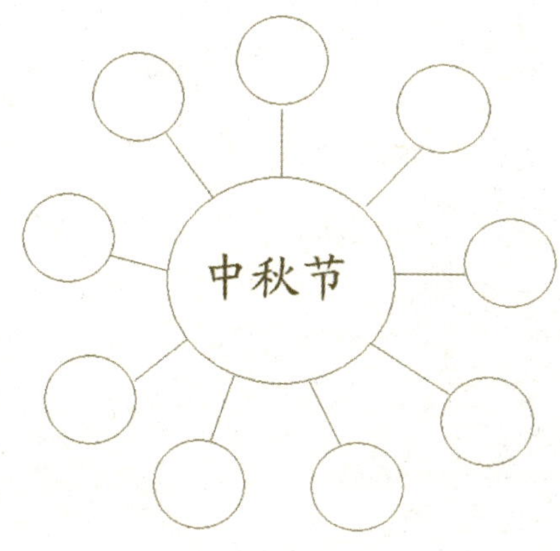

第二关：猜一猜

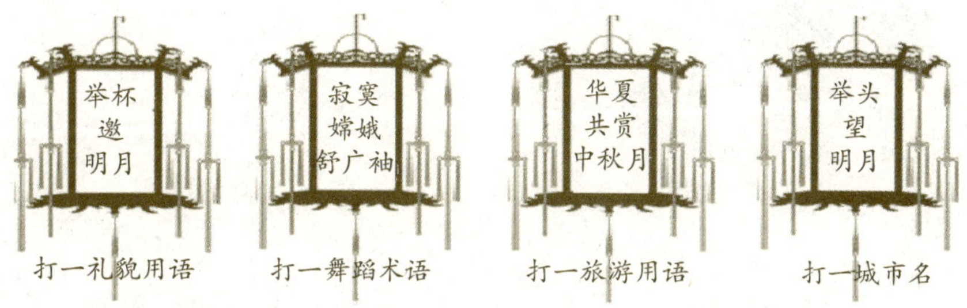

举杯
邀
明月
打一礼貌用语
寂寞
嫦娥
舒广袖
打一舞蹈术语
华夏
共赏
中秋月
打一旅游用语
举头
望
明月
打一城市名

第三关：连一连

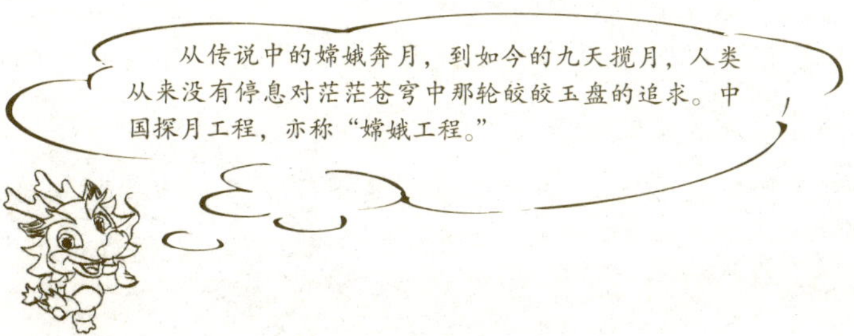

从传说中的嫦娥奔月，到如今的九天揽月，人类从来没有停息对茫茫苍穹中那轮皎皎玉盘的追求。中国探月工程，亦称“嫦娥工程。”

嫦娥一号	标志着中国成为第五个发射月球探测器的国家
嫦娥二号	携带“玉兔号”月球车
嫦娥三号	创造多项“世界第一”

韵味诗词诵读节日

望月怀远[1]

（唐）张九龄

海上生明月，天涯共此时。
情人[2]怨遥夜[3]，竟夕[4]起相思。
灭烛怜光满，披衣觉露滋。
不堪[5]盈手[6]赠，还[7]寝（qǐn）梦佳期。

【注释】

①怀远：指怀念远方的亲人。

②情人：指多情的人。

③怨遥夜：抱怨夜长。

④竟夕：通宵，一整夜。

⑤不堪：不可，不能够。

⑥盈手：双手捧满。

⑦还：回到。

【赏析】

这是一首五言律诗，是望月怀思的名篇。全诗围绕“望”和“怀”来写，将“月”与“远”作为抒情对象，因而全诗处处写望月，句句不离怀远，将明月写得那样皎洁、柔情，把思念亲人之情写得深沉、执着。诗的意境幽清淡远、语言清新明快、情感缠绵真挚。

水调歌头[1]

（宋）苏轼

丙辰中秋，欢饮达旦[2]，大醉，作此篇，兼怀子由[3]。

明月几时有？把酒[4]问青天。不知天上宫阙[5]，今夕是何年。我欲乘风归去[6]，又恐琼（qióng）楼玉宇[7]，高处不胜[8]寒。起舞弄清影[9]，何似[10]在人间。

转朱阁[11]，低绮户[12]，照无眠。不应有恨，何事[13]长向别时圆？人有悲欢离合，月有阴晴圆缺，此事[14]古难全。但愿人长久，千里共婵娟（chán juān）[15]。

【注释】

①水调歌头：词牌名。

②达旦：至早晨，到清晨。

③子由：苏轼的弟弟苏辙，字子由。

④把酒：端起酒杯。把，执、持。

⑤天上宫阙：指月中宫殿。阙，古代城墙后的石台。

⑥归去：回到天上去。

⑦琼楼玉宇：美玉砌成的楼宇，此外指传说中的月宫。

⑧不胜：禁受不住。胜（古代读 shēng，现在一般读 shèng），承担、承受。

⑨弄清影：影随人动。意思是月光下的身影也跟着做出各种舞姿。

⑩何似：怎么比得上。

⑪朱阁：朱红的华丽楼阁。

⑫绮户：雕饰华丽的门窗。

⑬何事：为什么。

⑭此事：指人的“悲欢离合”和月的“阴晴圆缺”。

⑮婵娟：美女。此处指月亮。

【赏析】

这是脍炙人口的中秋词，是苏轼于公元1076年（宋神宗熙宁九年），即丙辰年中秋夜酒后怀念弟弟苏辙所作。本词分为上下两阕。上阕写词人举杯望月，把酒相问，显示了他豪放的性格和不凡的气魄。用词形象准确、联想丰富。下阕怀人，由中秋的圆月联

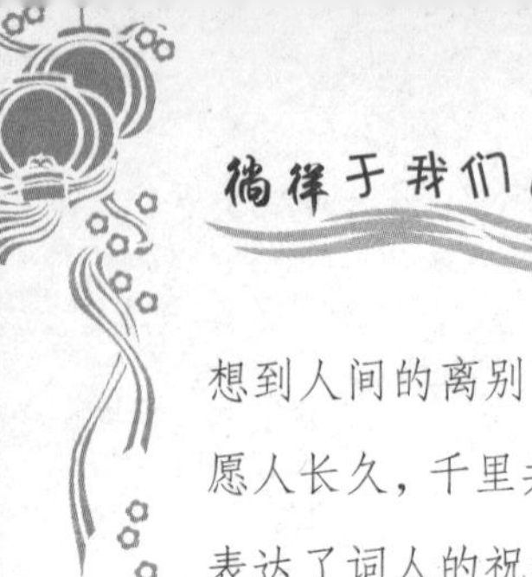

想到人间的离别，同时感念人生的离合无常。情深意切，境界高远，颇具哲学意味。“但愿人长久，千里共婵娟。”用普照世界的明月把两地联系在一起，把彼此的心沟通在一起。表达了词人的祝福和对亲人的思念，更表现了他旷达的态度与乐观的精神。

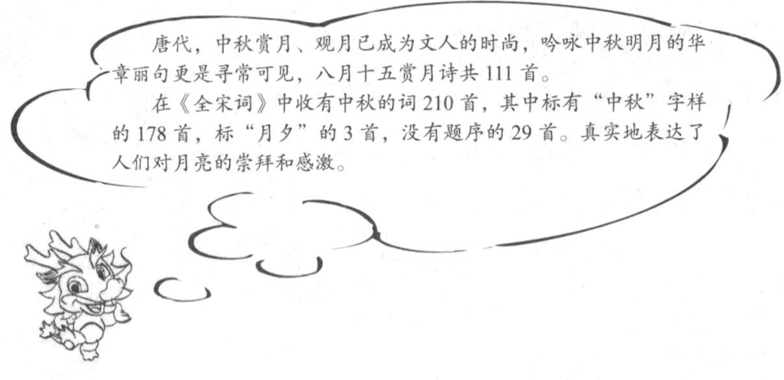

唐代，中秋赏月、观月已成为文人的时尚，吟咏中秋明月的华章丽句更是寻常可见，八月十五赏月诗共111首。

在《全宋词》中收有中秋的词210首，其中标有“中秋”字样的178首，标“月夕”的3首，没有题序的29首。真实地表达了人们对月亮的崇拜和感激。

名家名作感悟节日

北平之秋

老舍

中秋前后是北平最美丽的时候。天气正好不冷不热，昼夜的长短也划分得平均。没有冬季从蒙古吹来的黄风，也没有伏天里挟着冰雹的暴雨。天是那么高，那么蓝，那么亮，好像是含着笑告诉北平的人们：在这些天里，大自然是不会给你们什么威胁与损害的。西山北山的蓝色都加深了一些，每天傍晚还披上各色的霞帔（pèi）。

在太平年月，街上的高摊与地摊，和果店里，都陈列出只有北平人才能一一叫出名字来的水果。各种各样的葡萄，各种各样的梨，各种各样的苹果，已经叫人够看够闻够吃的了，偏偏又加上那些又好看好闻好吃的北平特有的葫芦形的大枣，清香甜脆的小白梨，像花红那样大的白海棠，还有只供闻香儿的海棠木瓜，与通体有金星的香槟子，再配上为拜月用的，贴着金纸条的枕形西瓜，与黄的红的鸡冠花，可就使人顾不得只去享口福，而是已经辨不清哪一种香味更好闻，哪一种颜色更好看，微微的有些醉意了！

那些水果，无论是在店里或摊子上，又都摆列得那么好看，果皮上的白霜一点也没蹭（cèng）掉，而都被摆成放着香气的立体的图案画，使人感到那些果贩都是些艺术家，他们会使美的东西更美一些。况且，他们还会唱呢！他们精心地把摊子摆好，而后用清脆的嗓音唱出有腔调的“果赞”：“唉——一毛钱儿来耶，你就挑一堆我的小白梨儿，皮儿又嫩，水儿又甜，没有一个虫眼儿，我的小嫩白梨儿耶！”歌声在香气中颤动，给苹果葡萄的静丽配上音乐，使人们的脚步放慢，听着看着嗅着北平之秋的美丽。

同时，良乡的肥大的栗子，裹着细沙与糖蜜在路旁唰啦唰啦地炒着，连锅下的柴烟也是香的。“大酒缸”门外，雪白的葱白正拌炒着肥嫩的羊肉；一碗酒，四两肉，有两三毛钱就可以混个醉饱。高粱红的河蟹，用席篓装着，沿街叫卖，而会享受的人们会到正阳楼去用小小的木槌，轻轻敲裂那毛茸茸的蟹脚。

同时，在街上的“香艳的”果摊中间，还有多少个兔儿爷摊子，一层层地摆起粉面彩身，身后插着旗伞的兔儿爷——有大有小，都一样的漂亮工细，有的骑着老虎，有的坐着莲花，有的肩着剃头挑儿，有的背着鲜红的小木柜；这雕塑的小品给千千万万的儿童心中种下美的种子。

同时，那文化过熟的北平人，从一入八月就准备给亲友们送节礼了。街上的铺店用各式的酒瓶，各种馅子的月饼，把自己打扮得像鲜艳的新娘子；就是那不卖礼品的铺户也要凑个热闹，挂起秋节大减价的绸条，迎接北平之秋。

北平之秋就是人间的天堂，也许比天堂更繁荣一点呢！

（本文节选自老舍的《四世同堂》，有删改）

名作欣赏

老舍是新中国第一位获得“人民艺术家”称号的作家。他以严谨周密的构思、朴实诙谐（huī xié）的语言、温和的思想而著称。

本文用通俗的文字，用大量方言和口语依次展现北平秋天之美，如“只供闻香儿”“一毛钱儿来耶”“小嫩白梨儿”“兔儿爷”“剃头挑儿”等儿化音，京腔京韵浓郁，与五颜六色瓜果甜美的气息形成通感，从自然景色、中秋风俗一直到各种人物的描写都浓缩在一起，有声有色、生动活泼，让人视觉、味觉、听觉均享受了北平之秋的醇厚和唯美。

结合背景资料再加上自己的想象来阅读这篇文章，你不但会在老舍的带领下一览老北京中秋的美景，而且能品味出老舍“京味语言”的细腻质朴，还能感受到老舍对北京对中秋节自然真挚的爱。

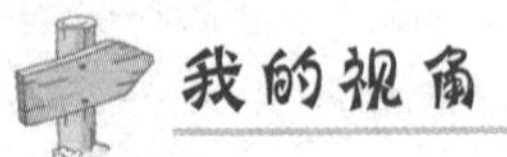

视角一：

我特别喜欢读摊主唱出有腔调的“果赞”：“唉——一毛钱儿来耶，你就挑一堆我的小白梨儿，皮儿又嫩，水儿又甜，没有一个虫眼儿，我的小嫩白梨儿耶！”真有北京味。

视角二：

这篇文章三个自然段的开头都用了“同时”，你觉得重复吗？我觉得这是反复手法的运用，使文章整齐有序，增强语气，表达了作者对北平之秋的赞美和喜爱之情。

我的视角：

____

____

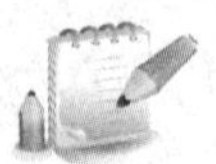

我的摘录

好词：

霞帔　静丽

____

佳句：

歌声在香气中颤动，给苹果葡萄的静丽配上音乐，使人们的脚步放慢，听着看着嗅着北平之秋的美丽。

____

____

我的思考

1. 你认为这篇文章的语言表达有什么特点？

2. 查阅资料，了解当时的时代背景，结合全文谈谈你对“北平之秋就是人间的天堂，也许比天堂更繁荣一点呢”这句话的理解。

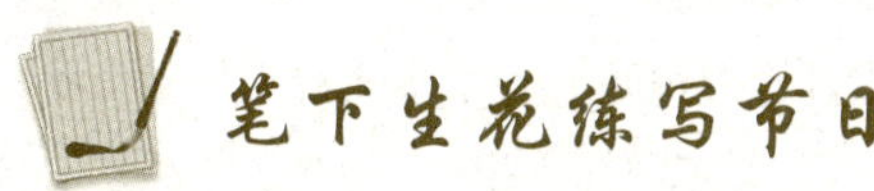

笔下生花练写节日

本次习作是以中秋特色元素为主的状物作文。动笔前，请结合自己的生活实际选取心中最美的中秋节物，如月、桂花树、月饼……写作时，首先要仔细观察，抓住其形、色、味、光及其变化，还可以触摸，把感受写出来。其次要按一定的顺序来写，这样文章层次会清晰。此外，还可以适当展开联想和想象，抒发自己的真情实感。做到了这些，你就能轻松完成一篇内容丰富、条理清晰、特点突出的中秋状物美文了。

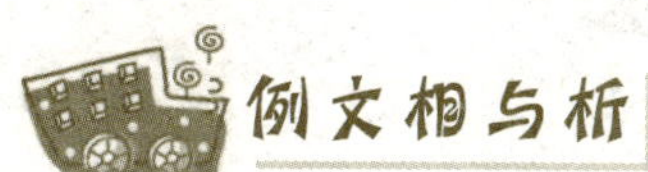

例文相与析

琪琪家的中秋节

（西北工业集团　陈梅）

中秋佳节，八岁的琪琪特别高兴。一早上拿了一张大美术纸，在纸的四周画了圆圆的月亮、甜甜的月饼、美丽的嫦娥，中间留白。琪琪要让大家给她写上吉祥话，纪念这个快乐的中秋。

（西安市翠华路小学　王茸）

琪琪拿着画找爷爷，爷爷龙飞凤舞写了“团团圆圆”，然后乐呵呵地下棋去了。琪琪又去找妈妈，妈妈忙着打扫卫生，桌子擦得能映出她额头上圆圆的汗珠。妈妈拢拢头发，给琪琪认真地写了“但愿人长久,千里共婵娟”。奶奶在厨房里做团圆饼，光滑的面团里包裹着捣碎的芝麻，奶奶用灵巧的手指捏出花边，做成向日葵花瓣一样的饼。饼上贴上绿色的芹菜叶，叶柄上加盖一个红色花状印章，团圆饼做好了。香喷喷，冒着热气的团圆饼馋得琪琪张嘴就咬。奶奶怕烫着琪琪，让她先给隔壁王奶奶送几个过去。王奶奶给琪琪奖励了一个大石榴，奶奶看见笑着说 :“王奶奶想孙子了。”就在琪琪的画上写了“多子多福”。

中午，姑姑、姑父带着小弟弟回来了，手里拎着一条活蹦乱跳的鱼和月饼。妈妈和奶奶做了一桌子饭菜，小弟弟边吃边问姑姑 :“月亮怎么还不来？”逗得大家一阵大笑。

外面终于暗了下来，一会没注意，月亮婆婆就爬上了天空，真的又圆又亮，像玉盘一样高挂着，引得人人齐观。奶奶让琪琪和弟弟端端正正地站好，对着月亮婆婆鞠了一躬，算是拜月。拜完了月大家开始吃月饼，月饼的花样真多，各种馅都有，奶奶却只吃自己做的团圆饼。她说吃了几十年，自己做的团圆饼最香，最有味，琪琪喜欢甜甜的水果味月饼。姑姑给琪琪用粉红色的彩笔写了“花好月圆人常在。”

（西安市翠华路小学　王一涵）

夜渐渐凉了，月亮婆婆走到了琪琪头顶，琪琪困了。琪琪让妈妈不要拉窗帘，她要等爸爸回来给她写吉祥话，琪琪的爸爸在火车站上班，节假日总是很忙。如水的月光柔柔地洒在琪琪床上，伴着她慢慢进入甜甜梦乡。半夜，爸爸回家了，爸爸从枕边拿起琪琪的画，写下“国泰民安”。

例文相析会

主持老师：中秋节蕴含着丰富的中华传统文化，同学们每年过中秋节，一定有感受、思考，或者是联想。结合例文的阅读感悟，把自己独特的、有价值的发现跟大家交流分享。

甲同学：一看题目《琪琪家的中秋节》，我就明白了文章的主要人物是琪琪，主要事情肯定是琪琪家过中秋，还不错。

乙同学：文章的题目太普通了，没新意，我觉得改为《但愿人长久》这样的题目富有诗意，能引起读者的很多遐想。也可以换成《琪琪的中秋画》，更具体明了。作者用第三人称琪琪，让人觉得亲切，值得学习。

丙同学：文章按中秋节从早到晚的顺序来写，条理很清晰，感觉就像自己家的中秋节。但是把全家每个人都写了一遍，详略不得当，建议可以把奶奶或姑姑给琪琪写吉祥话的场景当成重点来写，其他的一笔带过。

佳作摘读

我们就都跑出门去，月亮果然就在院子里，但再也不是那么一个满满的圆了，进院了的白光，是玉玉的，银银的，灯光也没有这般儿亮的。院子中央处，是那棵粗粗的桂树，疏疏的枝，疏疏的叶，桂花还没有开，却有了累累的骨朵儿了。我们都走近去，不知道那个满圆儿去哪儿了。却疑心这骨朵儿是繁星儿变的；抬头看着天空，星儿似乎就比平日少了许多。月亮正在头顶，明显大多了，也圆多了，清清晰晰看见里边有了什么东西。

——摘自贾平凹《月迹》

看，今宵月色多美好呵，它是社会主义时代的中秋月色。十亿人民心中装着个暖秋。当空皓月，举头共仰，她给人欢乐，给人光明，给人佳兴，给人幽思……

——摘自臧克家《人好月婵娟》

诸位要问我为什么特别介绍今夜月，我大略的可以告诉你们的。我不单为今天是兔儿爷的生日，不单为今天的月球与地球最近，我为的是从我们

的远祖起，每年在这一日留下些特别的感情，造成不可磨灭的事实。数千年来古人所瞻望所歌咏的就是这个月，而且这寒热得宜，桂子香飘的时节看这圆月，不是昨天或明天的所能比，也不是上月和下月的所能比的。

——摘自徐福熙《今夜月》

动手动脑体验节日

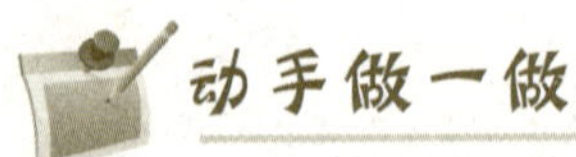

动手做一做

把思念捏成一个圆圆的月亮，里面包着家的味道，揉进幸福的音符。自己制作月饼，不但能充分享受劳动的乐趣，而且可以根据自己的喜好调整馅料、外形，做出独一无二的特色月饼。你是不是已经按捺不住性子，跃跃欲试了呢？

制作内容：月饼

物料准备：中筋面粉 160 克、红豆沙 240 克　蛋黄水适量、转化糖浆 120 克、枧（jiǎn）水 3 克、玉米油 40 毫升

制作步骤：

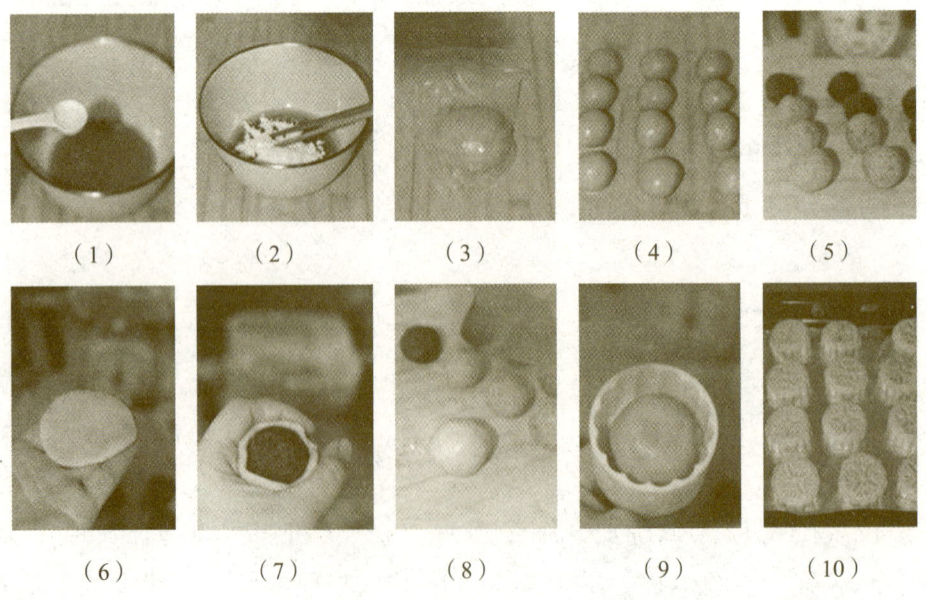

（1）（2）（3）（4）（5）

（6）（7）（8）（9）（10）

（1）糖浆里加油和枧水拌匀；

（2）筛入面粉，搅拌均匀；

（3）揉成团，装入保鲜袋里静置两小时；

（4）分成 12 个约 20 克左右的小团；

（5）红豆沙和绿豆沙分别分成 40 克一个的团；

（6）拿一块饼皮用手压扁；

（7）包入馅儿，放在虎口处用大拇指；

（8）包好，滚圆和食指马满往上推；

（9）模具里涂少许油，放入，压实；

（10）烤箱预热 200 度，月饼表面直接放在铺好锡纸的烤盘上 喷水，烤 8 分钟，取出，稍凉后涂蛋液，烤箱调至 170 度，继续烤约 15 分钟至饼皮金黄。

温馨提示：

刚出炉的月饼，饼皮很硬，等月饼冷却后，密封保存，等待 2—3 天，饼皮会渐渐变得柔软油润，这个过程叫作“回油”，所以，刚出炉的月饼不要急着吃。

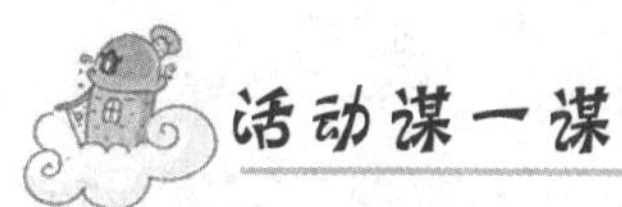

活动谋一谋

活动项目：喜迎中秋 经典诵读

活动目的：

中国是一个有着优秀传统文化的国度。诗词中蕴含着智慧，通过经典诵读活动，进一步挖掘中秋节的文化内涵，为欢乐、祥和的中秋节日氛围增添诗意色彩。培养学生的传统观念和意识，重视友情、亲情，理解“团聚团圆”在民族文化中的特殊意义，从而更加珍惜眼前所拥有的幸福生活。

活动策划：

1. 活动准备：收集和中秋有关的诗词，组织排练。

2. 活动过程：

（1）主持人宣布喜迎中秋经典诵读活动开始。

（2）根据实际情况依次进行诵读。

（3）评分参考项目：

A. 熟读成诵有利于抒发情感，最好能背诵下来。

B. 准确揣摩作者的情感，有自己朗诵的速度与基调。

C. 可个人朗诵，也可以集体朗诵，集体朗诵最好选出领诵者。

D. 满怀信心，入情入境。可以加手势，但不要太多，要自然。配乐朗诵效果会更好。

（4）畅谈自己的活动感受。

（5）积累跟中秋有关的诗句。

3. 总结活动情况，书写活动感悟。

节日回望与思考

中秋节渊源于古代秋祀和拜月的习俗。

农历八月半，正是秋天的收成之时，人们不忘祭祀土地神，以答谢神灵的庇护。先秦时帝王有春天祭日、秋天祭月的礼制。感恩日月天地是华夏农耕文明的传统。

与此同时，优美的嫦娥奔月神话，给古老的拜月风俗注入了新的活力。由此可见，节日风俗的发展与演变，是一个历史文化积淀的过程。

1. 中秋节的圆月和月饼象征着什么？

2. 如果你旅行或移民到海外，中秋节还要赏月、吃月饼吗？

3. 和大家一起讨论，没有中秋节的中国人会怎样？

第九章

重阳节——踏遍青山人未老

人间最美是重阳。

金秋十月爽，九九话重阳。日月两重归，相映地久长。

重阳节之美美在孝亲。敬老、祭祖和求寿，使九九重阳，长长久久。

重阳节之美美在智慧。天地间，人为贵。登高啸咏，插萸骑射，无不体现热爱生命，追求健康的人生智慧。

重阳节之美美在意境。正值秋高气爽，菊花遍地。携三五亲友，登高远眺。但见江天寥廓，万里无尘，遂饮酒赋诗："不似春光，胜似春光。"

重阳之美美在超越。山高人为峰，人一旦超越了本我，变成大写的"我"，便是不朽之人生，与天不老。

华夏文化传承节日

桓（huán）景为民除瘟魔

从前，汝河两岸瘟疫流行，夺走了不少人的性命。听说是住在汝河里的瘟魔作祟（suì），汝南县的桓景立志为民除害。他打听到东南山中住了一个叫费长房的神仙，就收拾行装，进山拜师学艺。

桓景翻山越岭，终于找到了费长房的仙居。在仙居门口，桓景恭恭敬敬地跪了两天两夜。费长房见他为民除害意志坚定，就收他为徒，并送他一把降妖青龙剑，让他练习降妖法门。桓景天天废寝忘食地苦练，终于练出了一身好武艺。一天，费长房对他说："今年九月九，汝河瘟魔又要出来害人。你赶紧回乡为民除害，这是茱萸（zhū yú）叶子和菊花酒，可让你家乡父老登高避祸。"

九月九那天，桓景带着全村老小登上附近的一座山，分给每人一片茱萸叶子，让每人喝一口菊花酒，趋避瘟疫。安排妥当后，桓景手拿降妖青龙剑独自回到村中，等着斩杀瘟魔。

不一会儿，汝河里狂风怒吼、巨浪滔天，瘟魔出水扑向村庄，横扫千家却未见一人。猛然抬头看见人们都在山上，便向山上冲去，只觉得酒气刺鼻，茱萸冲肺，不敢近前。桓景挡住瘟魔去路，舞剑去击。斗了几个回合，瘟魔不敌桓景拔腿就跑。桓景"嗖"的一声抛出降妖青龙剑，只见宝剑闪着寒光向瘟魔追去，瘟魔被宝剑扎倒在地，一命呜呼。

从此，百姓再也不受瘟疫的侵袭了。人们就把九月九日登高避祸、佩茱萸、饮菊花酒的习俗一直留传到现在。

多样习俗守望节日

重阳佳节，秋去冬来，自然界将发生一系列的变化，为了去除瘟疫和将至严寒的伤害，古人发明了情趣盎然的登高、插茱萸、赏菊、饮菊花酒等习俗。这些活动，使人们开阔视野、交流感情、强壮体魄。

登高望远

重阳节正值秋高气爽、山青云淡之时，登高远眺，使人心旷神怡、身心健康。重阳节前后，三五亲友结伴登山赏景已经成为秋季不可少的活动之一。

佩茱萸

佩茱萸的习俗起源很早。茱萸是一种常绿带香的植物，具备杀虫消毒、逐寒祛风的功能。茱萸果实嫩时呈黄色，成熟后变成紫红色，有温中、止痛、理气等功效。重阳时节，人们折下茱萸插戴头上，或制成囊佩戴，据说可以抵御寒冷，躲避灾难。宋朝的时候，人们还给茱萸起了个雅称，称茱萸为“避邪翁”。

赏菊饮酒

九月九，正是菊黄蟹肥时，菊花一团团、一簇簇，竞相开放，千姿百态，非常惹人喜爱。“不是花中偏爱菊，此花开尽更无花。”在深秋的冷风中，唯有菊花争奇斗艳，使秋日多了生气，多了艳丽的色彩。因此，赏菊的风俗一直保留下来。

吃菊花的风俗早在战国时就有了。后来，饮菊花酒又被附会上神话色彩，可以

躲避灾难。菊花在秋日冷霜中开放，气味芬芳。人们认为它是延年益寿的佳品。宋朝的时候，人们还给菊花起了一个雅称——“延寿客”。在菊花含苞待放的时候，人们便将花蕾茎叶一起采摘下来，和黍（shǔ）米一起酿制，等到第二年重阳节的时候才开坛饮用。

敬老节

重阳佳节，寓意深远，被人们赋予了新的含义。1989 年，国家将每年的九月九日定为敬老节。传统与现代巧妙地结合，使重阳节又成为尊老、敬老、爱老、助老的老年人的节日。节日里，老人们秋游赏景，登山健体，沐浴在大自然的怀抱里；家里的晚辈要常回家看看，为长辈们准备一些可口的饮食，为他们刷刷盘子、洗洗碗、聊聊天，享受天伦之乐。九九重阳，凝聚了中华民族千秋万代“老吾老”的浓浓深情和生生不息的民族风范。

吃重阳糕

重阳糕是重阳节的应时食品，如同元宵节吃元宵、中秋节吃月饼一样。重阳糕是用面粉加上枣、栗子或其他干果蒸制成的，上面插有小彩旗。明清的时候，人们吃重阳糕颇有讲究，还伴有一个小小的礼节。九月九这日清晨，长辈们将重阳糕切成薄片，放在未成年子女的额头上，口中还祝福道：“愿我的孩子事事皆高。”这是取“糕”与“高”同音，表达了人们对儿女的殷切祝福。人们认为在重阳节这天，登高吃糕，未来的日子就会步步皆高。

趣味闯关

第一关：猜一猜

九九重阳（打一常用语）

重阳日聚会（打一字）

老有所养（打一礼貌用语）

第二关：念一念

欢度重阳

九月九，秋高气爽。
菊花茶，飘散清香。
桂花糕，大家分享。
仙茱萸，快来插上。
快快乐乐欢度重阳！

第三关：编一编

重阳乐

九月九，是（　　），
我陪爷爷（　　）。
风儿（　　），水儿（　　），
爷爷和我乐呵呵。
九月九，是重阳，
我伴奶奶（　　）。
花儿（　　），蝶儿（　　），
奶奶和我（　　）。

韵味诗词诵读节日

九月九日①忆山东②兄弟

（唐）王维

独在异乡③为异客，每逢佳节倍④思亲。
遥知⑤兄弟登高处，遍插茱萸少一人。

【注释】

①九月九日：指农历九月初九重阳节，民间有登高、插茱萸、饮菊花酒等习俗。

②山东：指华山以东（今山西），王维的家乡就在这一带。

③异乡：他乡。

④倍：加倍，更加。

⑤遥知：远远地想到。

【赏析】

重阳节是全家团聚、登高望远的节日。年轻的诗人身处异乡，念亲思乡的感情在这时特别强烈。诗的首句一个“独”字，两个“异”字，将其身处异乡的陌生感、远离亲人的孤独感，表现得极为充分。次句“每逢佳节倍思亲”，是诗人自己生活体验的概括，也反映了人们共同的感受，后来成了客中思乡思亲的格言式名句。后两句从家乡兄弟因自己而未能全家团聚的遗憾来写，使诗的表现更为曲折而新颖，这也是王维诗歌富有创造力的体现。

采桑子·重阳[①]

毛泽东

人生易老天难老[②]，岁岁重阳，今又重阳，战地[③]黄花[④]分外香。
一年一度秋风劲[⑤]，不似[⑥]春光，胜似春光[⑦]，寥（liáo）廓[⑧]江天[⑨]万里霜。

【注释】

①“采桑子”是词牌，“重阳”是题目，这个题目确定了词的内容与重阳节相关。

②天难老：自然界寒来暑往，日出月落，春秋更序，光景常新。

③战地：此处指闽西农村根据地，当时这里外有敌人包围，内有地主民团的扰乱。

④黄花：指菊花。

⑤劲：强劲。

⑥不似：不类似，不像。

⑦胜似春光：是说秋风比春光更美，是主观感受。

⑧寥廓：指宇宙的广阔，也指广阔高远。

⑨江天：指汀江流域的天空。

【赏析】

此词作于1929年重阳节。毛泽东在闽西征途中，欣逢重阳佳节，触景生情，因成此词。这首词写的是重阳节战地风光。与我国传统的诗文相比，该词中的秋天形象色彩艳丽，生机勃勃。诗词重点突出“重阳”，既符合“采桑子”“反复”的格律，又表现作者重回红四军工作时的激动心情。选择“黄花分外香”这一形象，侧重表现色彩艳丽，选择“寥廓江天”与“万里霜”这两种形象，侧重表现境界开阔。词篇的字里行间洋溢着革命乐观主义精神，表达了词人与红军战士们在艰苦的战斗生活中从容不迫、欢快愉悦的心情。

名家名作感悟节日

忆菊——重阳节前一日作

闻一多

插在长颈的虾青瓷的瓶里，
六方的水晶瓶里的菊花，
钻在紫藤仙姑篮里的菊花；
守着酒壶的菊花，
陪着螯（áo）盏[①]的菊花；
未放，将放，半放，盛放的菊花。

镶着金边的绛色的鸡爪菊；
粉红色的碎瓣的绣球菊！
懒慵（yōng）慵的江西腊哟，
倒挂着一瓶蜂巢似的黄心，
仿佛是朵紫的向日葵呢。
长瓣抱心，密瓣平顶的菊花；
柔艳的尖瓣钻蕊的白菊，
如同美人的拳着的手爪，
拳心里攫（jué）[②]着一撮（cuō）儿金粟。
檐前，阶下，篱畔，圃（pǔ）心的菊花：
霭（ǎi）霭的淡烟笼着的菊花，

丝丝的疏雨洗着的菊花——
金的黄，玉的白，春酿的绿，秋山的紫……

剪秋萝似的小红菊花儿；
从鹅绒到古铜色的黄菊；
带紫茎的微绿色的“真菊”
是些小小的玉管儿缀成的，
为的是好让小花神儿
夜里偷去当了笙儿吹着。

大似牡丹的菊王到底奢豪些，
他的枣红色的瓣儿，铠甲似的，
张张都装上银白的里子了；
星星似的小菊花蕾儿
还拥着褐色的萼（è）被睡着觉呢。

我仿佛看到了绚丽多彩、形态万千的菊花。

啊！自然美的总收成啊！
我们祖国之秋的杰作啊！
啊！东方的花，骚人逸士的花呀！
那东方的诗魂陶元亮[3]
不是你的灵魂的化身罢？
那祖国的登高饮酒的重九
不又是你诞生的吉辰吗？

你不像这里的热欲的蔷薇，
那微贱的紫罗兰更比不上你。
你是有历史，有风俗的花。
啊！四千年的华胄（zhòu）[4]的名花呀！
你有高超的历史，你有逸雅的风俗！

啊！诗人的花呀！我想起你，
我的心也开成顷刻之花，
灿烂的如同你的一样；
我想起你同我的家乡
我们的庄严灿烂的祖国，
我的希望之花又开得同你一样。
习习的秋风啊！吹着，吹着！
我要赞美我祖国的花！
我要赞美我如花的祖国！
请将我的字吹成一簇鲜花，
金的黄，玉的白，春酿的绿，秋山的紫……

然后又统统吹散，吹得落英缤纷。
弥漫了高天，铺遍了大地！

秋风啊！习习的秋风啊！
我要赞美我祖国的花！
我要赞美我如花的祖国！

（本文节选自闻一多《忆菊——重阳节前一日作》，有删改）

【注释】

①螯盏：古代的一种形状像蟹钳的茶杯。螯，螃蟹等节肢动物变形的第一对脚。

②攫：抓取。

③陶元亮：即陶渊明，东晋诗人，字元亮，号五柳先生。

④华胄：这里指华夏的后裔，指汉族。

名作欣赏

1922年7月，诗人闻一多到美国留学深造。《忆菊》作于重阳节前一天。

借物抒情是本诗最突出的写作特点。这首诗表达的是闻一多先生对祖国的思念之情、赞美之情，但作者不是空泛地抒情，而是以对菊花的追忆和描绘中表达出来的。这样写，文章更真实感人。

这首诗首先浮现在诗人脑海的是一大片一大片的菊花。这一部分对记忆中菊花的描述，虽然没有直接表露感情，但闻一多对家乡的深切怀念从细腻的刻画中便可见一斑。为后文感情的抒发打下了基础。

从“啊！自然美的总收成啊！”一句展开了诗作后半部分的直抒胸臆，诗人情感由赏花的沉静转入讴歌祖国的激昂澎湃。

这首诗意境明朗，格局甚大，情思有所寄托而又无所捆缚，正如秋日重阳节的一缕光线，纯净而温暖，艳丽而灿烂。

我的视角

视角一：

诗人用了将近一半的篇幅不厌其烦地“忆菊”，一时间，我们仿佛真的随着他的指点来到了一处满是菊花的世界，菊花的海洋，其艳丽，其繁盛，其生命的活力，都让人惊叹。

视角二：

这首诗想象丰富、神奇。诗歌中“请将我的字吹成一簇鲜花，……然后又统统吹散，吹得落英缤纷。弥漫了高天，铺遍了大地！”这句话使这首诗的抒情达到高潮。

我的视角：

____

____

我的摘录

好词：

春酿的绿　秋山的紫

佳句：

懒慵慵的江西腊哟，倒挂着一瓶蜂巢似的黄心，仿佛是朵紫的向日葵呢。

我的思考

1. 诗歌中有一些含义深刻的句子，比如：“你不像这里的热欲的蔷薇，那微贱的紫罗兰更比不上你。你是有历史，有风俗的花。”画出这样的句子，并联系上下文或时代背景，交流对这些句子的理解。

2. 借物抒情是本诗最突出的写作特点。闻一多借对菊花的追忆和描绘表达出对祖国的思念之情、赞美之情。尝试在习作运用“借物抒情”的写作方法，动笔写一写吧。

3. 自古以来，各种菊花被人们赋予意韵超凡、形象贴切的名字。如以花色命名：“黄莺出谷”“春水绿波”等等。查查资料，看看菊花有哪些颜色，人们依据它的颜色都起了什么生动形象的名字。

笔下生花练写节日

提到重阳节，我们很自然地就会想到登高、赏菊、插茱萸等节日习俗。回忆一下，重阳节中，哪些事情给你留下了深刻的印象，写一写重阳节

那天最难忘的事情。注意要选取能突出节日特色，与节日习俗紧密联系的典型事例来写。通过语言、动作、心理描写将自己亲身经历的事写得具体、生动，并表达自己真实、独特的感受。

例文相与析

重阳节的问候

（西安市庆安小学　梁静怡）

金秋时节，大地都披上了一层蓬松的金纱，金灿灿的，亮晶晶的，到处是秋天的影子……我看了看日历，原来今天是九九重阳节。老师告诉我们重阳节又叫敬老节，做孙子孙女的应该陪爷爷奶奶到郊外散散心，吃吃糕点，看看菊花，体验这个秋天带来的幸福。

可是我的爷爷奶奶远在山东，我该怎样表达我的心意呢？当我的目光落到了客厅的电话上时，我的心里有了小算盘——给远在山东的爷爷奶奶电话问声好。

吃过晚饭，我马上打电话，接电话的是爷爷。多么亲切温和的声音啊，又是那么浑厚而富于沧桑感！爷爷是老红军，革命岁月爬雪山、过草地，参加过万里长征，后来又参加过抗美援朝，是一位经历丰富、饱经沧桑的老人。晚年的爷爷和奶奶在山东老家安度余生，闲来种种蔬菜，喂喂鸡，生活过得很舒坦。

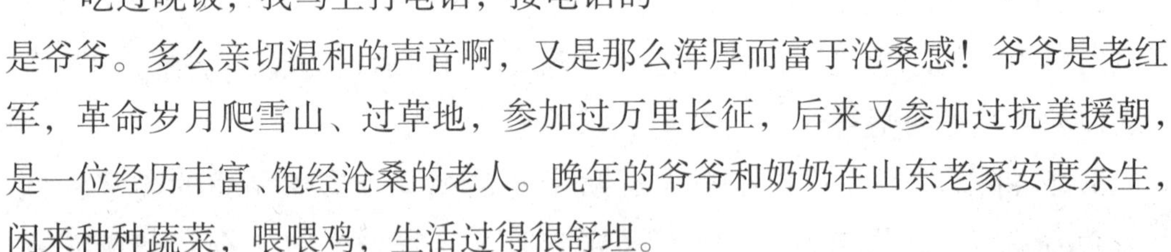

爷爷接起电话马上来劲了，开始乐呵呵地描述起他的生活。“爷爷，今天是重阳节，祝您和奶奶节日快乐。”爷爷听了我的话，开心地笑着，一个劲儿地说：“好，好，小家伙懂事了，爷爷高兴啊。”

“喂，喂，是我孙子吗？”奶奶凑上来，似乎是抢过爷爷的话筒了。“奶奶好，是我啊，最近您身体怎么样？我好想您啊！”我马上问奶奶好。“奶奶可好了，天天都很开心，今天打麻将还赢了钱给你爷爷改善伙食呢！”真是两个老顽童啊！“奶奶，我好想吃您做的菜啊，我放寒假了马上就去山东看你们，我要陪陪你们，和您一起喂鸡，和爷爷一起钓鱼……”“好，乖孩子，奶奶一定给你做好吃的，盼你来呢！”

爷爷又抢回了电话：“孩子，最近学习怎么样啊？”“很好，放心吧。老师都夸我学习认真、积极上进呢！”我自豪地说。“那就好呀，要学好本领，以后为祖国做贡献啊。要听老师的话，争取期末能拿到三好学生，爷爷给你奖励……”

和爷爷奶奶的电话持续了好久，就这样你一言我一语开心地聊着互相关心着。纵然不能与爷爷奶奶在重阳相聚，但我相信爷爷奶奶有了我的问候，心里一定暖暖的。

例文相析会

主持老师：重阳节是一个文化气息很浓的传统佳节，为了突出节日特色，小作者以打电话送祝福这样看似平常的事情为写作素材，表达出我国尊老敬老的传统美德。

甲同学：小作者主要通过对话描写，将自己对爷爷奶奶的祝福及爱写具体了。同时，从双方对话中也表达出爷爷奶奶对孙子的疼爱和关心。

乙同学：我认为开头可写一写之前家里人是怎么过重阳节的，有了这一小部分的回忆，就能表达出离开爷爷奶奶后的小作者是多么思念亲人了。

丙同学：为了使文章主题更突出，结尾可以这样写：“和爷爷奶奶的电话持续了好久，就这样你一言我一语开心地聊着。聊着聊着，不知什么时候，我的心随着这电话线回到了爷爷奶奶的身边。我搀扶着爷爷、奶奶兴高采烈地登上了泰山。我们就像泰山顶上的那五棵松树，粗的、细的、老的、少的，树木相互依偎在一起，树枝在空中彼此缠绕，树根在地下紧紧相连，一起面对风雨，一起迎接阳光。”

佳作摘读

儿时多闲暇，除了背古诗，还有一种娱乐，那便是跟随一位“好为人师”的邻居上山采药。头戴斗笠，斜背书包，在山里转悠大半日，归来时，往往是头上插满、腰间挂足自以为包治百病的野花闲草。……在这段半途而废的“多识草木虫鱼”的努力中，是否有过重阳登山的经历，有无采集“今处处有之”的吴茱萸，实在不好妄加推断。想到自己也许曾经头插一串串或微黄或深紫、椒子般的茱萸招摇过市，既辟邪，又好看，实在开心。

——摘自陈平原《不知茱萸为何物》

“重阳将至，盲雨满城，凉风四起，亭亭落叶，陇首云飞。”就这么几句话，可以说是形容重阳的极致之语，我在不少笔记文章中见到，几乎都一字不易地引用。这个时气，不下滂沱大雨，然而也不是毛毛雨，很细腻柔和如烟似霾那样的雨，重阳节也没有，想想见到的那雨的样子，该是不大不小的中雨，更确切地说是“中雨偏小”的那种雨，这个雨，出门登高作一日游，怎样说都是偏大了一点。

——摘自二月河《最好能变成举国狂欢》

动手动脑体验节日

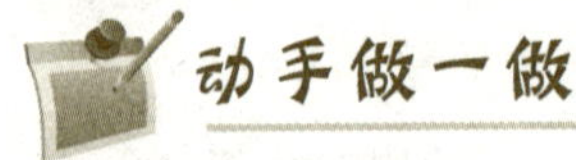

动手做一做

物品名称：特色重阳糕

物料准备：

（1）主料：白面粉500克、糯米粉300克、玉米粉100克

（2）配料：红绿丝、红枣、栗子、松子、菊花瓣等各色果干，可根据口味自由添加

（3）调料：白糖500克、豆沙300克、熟猪油200克

制作步骤：

（1）

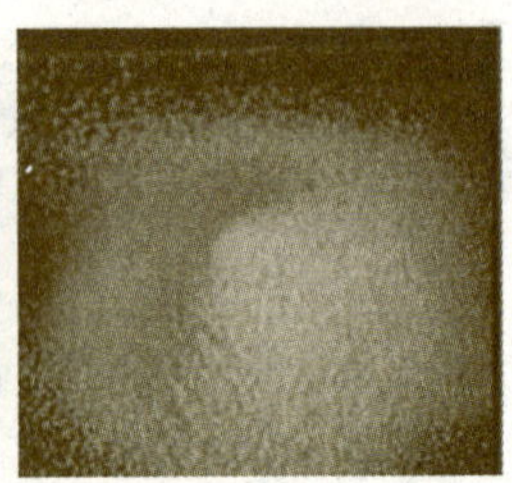

（2）

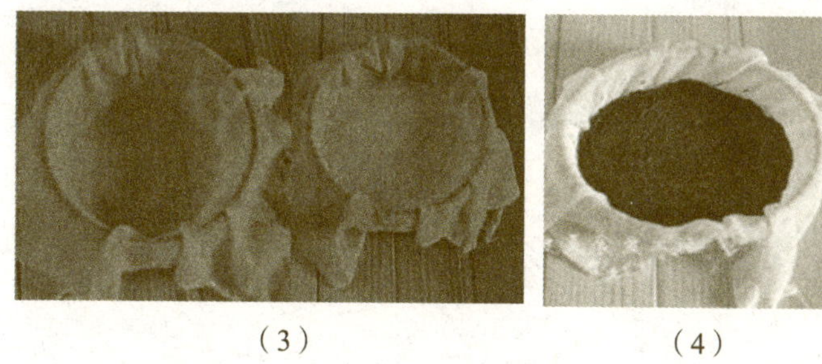

（3）　　　　（4）

（1）称量好所有材料，先将糯米粉、面粉、玉米粉、细砂糖水、油一起拌匀后，再充分揉搓成松散的粉状。

（2）将粉两次过筛成细致轻盈的粉状。

（3）取圆形模具，垫上纱布，将一半粉倒入后抹平，放入蒸笼中先蒸5分钟。

（4）取出模具，铺上一层豆沙、抹平，再倒入另一半粉后抹平。

（5）　　　　（6）

（5）在抹平的粉表面均匀地放上各色果干。

（6）再上笼蒸约30分钟即可。

注意事项：

① 将粉过筛时，边按压边铲边摇晃，直至把全部半湿粉过筛完成细粉料，这样口感会更细腻、更软糯。

② 注意蒸制的火候和时间。

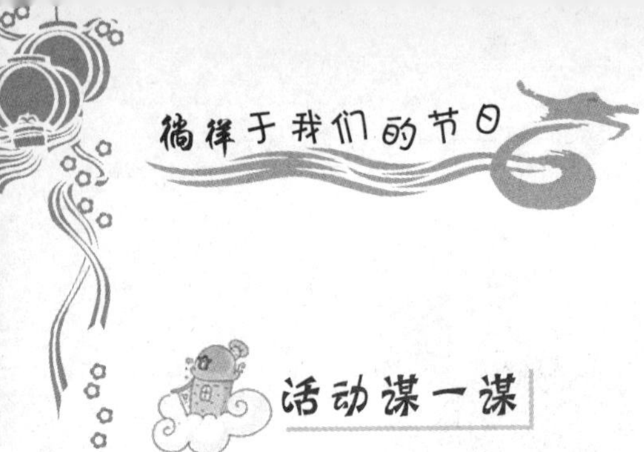

活动谋一谋

活动项目：重阳节敬老爱老志愿服务

活动目的：

1. 通过此项活动，学做重阳糕，了解重阳节的习俗，感受、积淀、传承和发扬中国的优秀传统文化。

2. 开展重阳节“敬老爱老志愿服务”活动，弘扬尊老敬老、爱老助老的优良传统，增强全社会的老龄意识和敬老意识，营造良好的社会氛围。

活动策划：

1. 了解重阳节的习俗，知道重阳糕的来历。
2. 亲手制作重阳糕。
3. 将亲手制作的“寿糕”恭恭敬敬端在爷爷奶奶面前，喂到爷爷奶奶嘴里。
4. 吟诗作赋赞颂重阳，祝愿爷爷奶奶老当益壮，身心健康。
5. 为老人剪一剪指甲，晒一晒被褥。
6. 为老人献上一首动听的歌。
7. 畅谈活动感受，撰写活动体会。

节日回望与思考

千年以前的九月九日，桓景在仙人的指引下，带领全村人登高、佩茱萸囊、饮菊花酒而躲过了一场灭门之灾。尽管传说不足以征信，然其间透出趋避灾疫的消息却是明白无误的——这大约是重阳节俗产生的初始之义。

中国古人认为，重九之日天上之气下沉，地下之气上升，二气相交，难免于人有害，遂登高、佩茱萸等以避之。重阳节趋吉避凶等习俗蕴含着中国人的集体智慧。

1. 请为重阳节登高讲解员撰写一则讲解词文稿。

2. 茱萸为何物，你认为它在重阳节扮演着什么角色？

第十章

冬至——且喜一阳今始复

在无数漫长而寒冷的冬夜，多少人都在梦想着温暖的春天：

梦想着一场晶莹的大雪，雪下那一颗颗尚未苏醒的绿草；梦想着一只迎风翻飞的风筝，风筝旁几只振翅齐飞的小鸟；梦想风过无痕，水流深；梦想春如山笑，花如靥（yè）。

我们在梦想中成长，社会在梦想中进步。

没有哪个黎明能阻止阳光。此时，那谁也看不见的春天的阳光，越过南回归线，正一步一步朝我们走来。

我们以冬至的名义，邀请你共赏这冷暖的交替，共享这朦胧的春意。

华夏文化传承节日

节日溯（sù）源

冬至是二十四节气之一。早在两千五百多年前的春秋时代，人们就利用土圭，观测每天标杆影子在太阳下的长短变化。根据观察的结果，将日影最短的一天定为“夏至”，最长的一天定为“冬至”。

土圭

冬至日为什么影子会最长呢?

现代天文科学家测定，冬至这一天太阳几乎直射南回归线，阳光对北半球最倾斜，所以影子最长，这一天北半球白天最短，黑夜最长。冬至这天之后太阳又逐渐北移，在北半球观测，影子就会逐渐变短 。

那么，冬至日是哪一天呢? 冬至没有固定的日期，它的时间大约在每年公历 12 月 21 至 23 日之间。

“冬至”字面上的意思可以说是“最冬天”,但并不是指气温严寒到了极点，在我国北方，冬至过后，各地气候才进入一个最寒冷的阶段，我国民间有“冷在三九,热在三伏”的说法。在北半球“冬至”是白昼最短,黑夜最长的一天。例如：冬至这一天，在上海市全天见到太阳的时间短到 10 小时零 9 分；北京市竟短到 9 小时零 4 分;在我国最北方的漠河县北极村白天只有 7 个小时左右，黑夜则近乎 17 个小时,因此,每年冬至北极村都会有天南海北的游客纷至沓来，体验“极寒”天气，观赏“极夜”奇观，欣赏“极地”冰雪。

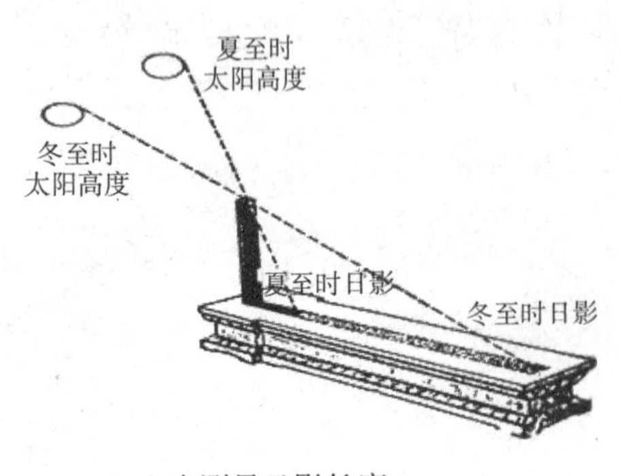

土圭测量日影长度

冬至已经成为传统节日。冬至过节起源于汉代，盛行于唐宋，相沿至今。过去，人们将冬至称为“冬节”“小年”“亚岁”“亚年”“小岁”等。这是因为在周代，所定历法是以冬至所在的那个月为正月，确切地说周朝以冬至日为新的一年的开始，那时过冬至就是过年。

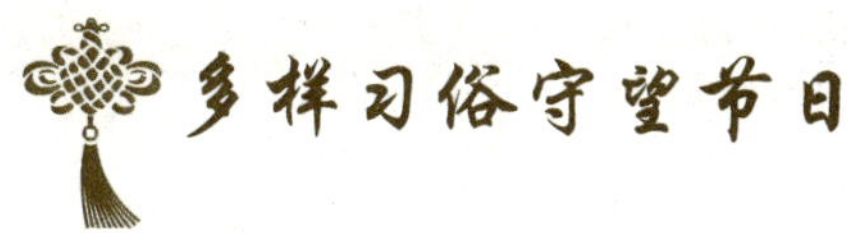

多样习俗守望节日

贺　冬

冬至节在周代就是过年，所以古人过冬至的一些习俗和我们现代过年一样，庆祝相当隆重。到了汉朝人们称冬至为“冬节”，这一天官府要举行祝贺仪式，称为“贺冬”。据说因为过了冬至，白昼一天比一天长，阴阳二气自然转化，是上天赐予的福气，是个吉祥的象征，所以这天朝廷上下放假休息，军队待命，边塞闭关，商旅停业，亲戚朋友间馈酒送肉、互相拜贺，大家你来我往，给寒冷的冬天增添了暖暖春意。

祭天　祭祖

（西安市纺织城小学　牛卓青）

冬至在唐宋时期，是祭天祭祖的好日子。这一天，皇帝要亲自率领文武官员参加祭天大典，感恩上天，虔诚地祈祷风调雨顺、国泰民安。明清时期习俗仍存，不过，在举行祭天大典的同时，满朝文武还会向皇帝呈递贺表，官员之间也会互相祝贺。高雅悠扬的音乐伴着整个祭天朝贺的过程，气势非常宏大。北京的天坛，就是皇帝冬至时前往祭天、祈福的地方。

老百姓在这一天则要祭拜父母长辈。如今浙江绍兴一带，家家还保留着冬至这天祭祖的习俗，有的还会选择前往祠堂家庙去祭祖，人们把这叫作“做冬至”。还有些地方，人们事先用纸剪做一些纸衣服，在冬至这天送至先祖墓前焚化，俗称“送寒衣”。祭祀之后，亲朋好友聚饮，俗称“冬至酒”，既怀念亡者，又联络感情。

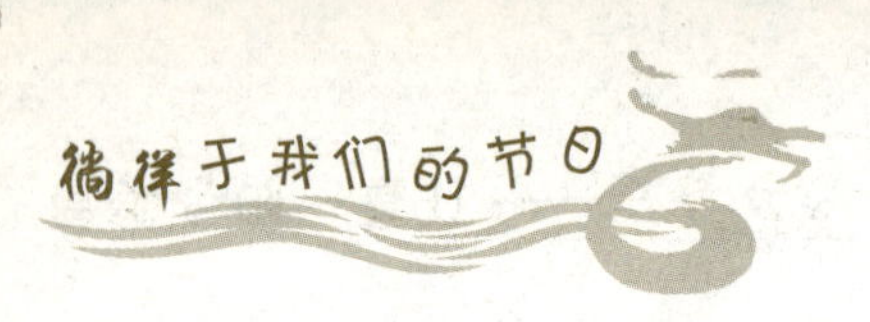

拜师 祭孔

（西安市纺织城小学　乔石）

我国一向有尊师重教的优良传统，过去冬至也是敬师、拜师的重要节日。在古代因冬至是“年”，过了冬至就长一岁，也就是“增寿”。为了感谢过去一年老师的培育之恩，冬至当日首先要祭拜“大成至圣先师”孔子，叫作“拜圣寿”。除了向孔老夫子拜贺外，还要拜会现实中的老师。冬至这天，各地的学校都放假一天。各书院、学院和私塾的学生这一天要衣帽整齐，手提酒肉拜访自己的老师，有的学生家长还会设宴宴请老师。所以，冬至节被称作“我国最早的教师节”。

冬日里的游戏

在古代，数九寒天是特别难熬的日子。那时没有暖气融融的居住环境，没有丰富多彩的娱乐活动，漫漫严冬，人们只能静静等待春天的到来。为了排遣九九寒冬的寂寞，人们发明了一种游戏图，叫“九九消寒图”。

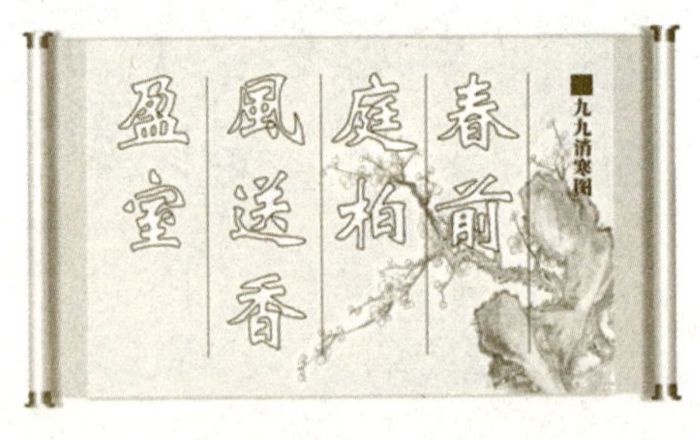

最普通的九九消寒图是一幅双钩描红书法，纸上写着繁体的“春前庭柏风送香盈室”九个字。这九个字每字九画，共八十一画。人们从冬至开始每天按照笔画顺序涂写一个笔画，每过一九就涂好了一个字，直到九九之后春回大地，一幅九九消寒图就完成了。人们填充笔画时，所用颜色要根据当日的天气决定，晴天涂红，阴天涂蓝，雨天涂绿，风天涂黄，落雪涂白色。人们用九九消寒图简单记录了这一时段的气象变化，并经常根据九九消寒图，推测第二年雨水的多少和粮食丰收情况。

寒冬中人们除了绘制九九消寒图来娱乐，还传唱着一首歌：

“一九二九不出手；三九四九冰上走；五九六九沿河看柳；七九河开八九雁来；九九加一九，耕牛遍地走。”这是流传在我国北方地区的“九九消寒歌”。中国传统历法规定，从冬至的当日开始，每九天为一个时段，第一个九天人们俗称为“头九”，第二个九天人们叫作“二九”，以此类推，三九、四九、五九……直至九九共八十一天后，春回大地，寒冷的天气就慢慢变暖。“九九消寒歌”也叫“数九歌”“九九歌”，它的内容反映出人们对天气的“寒极转暖”的规律性认识，同时也为当时从事农耕活动的人们提供了信息。

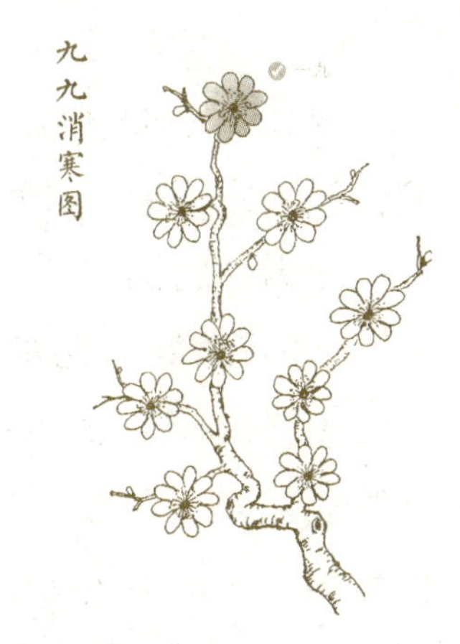
九九消寒图

九九消寒图形式多种多样，有九格消寒图、鱼形消寒图、泉纹消寒图、葫芦消寒图等。它们既是计算时间的日历，又是精美的装饰画，是民间喜闻乐见的娱乐形式。

饺子、馄饨拜冬

在我国北方有冬至吃饺子的习俗。相传南阳医圣张仲景曾在长沙为官，告老还乡时正是大雪纷飞，寒风刺骨。他看见南阳白河两岸的乡亲衣不遮体，有不少人的耳朵被冻烂了，心里非常难过，于是他命令弟子在南阳关东搭起锅灶，将羊肉、辣椒和一些驱寒药材放置锅里煮熟，剁碎做成馅儿，用面皮将馅儿包裹起来，煮熟分发给百姓吃。乡亲们吃后耳朵都治好了。后来人们称这种药物为“饺子”“扁食”或“烫面饺”，就这样每逢冬至人们便模仿做起饺子，预防和治疗冻耳。俗语“冬至不端饺子碗，耳朵冻掉没人管”可以为证。

苏州人冬至有吃馄饨的习俗。相传吴越春秋一宴上，吃腻了山珍海味的吴王没胃口，美女西施就进御（yù）厨房包出一种点心献给吴王。吴王一口气吃了一大碗，连声问道：“此为何名，如此鲜美？”西施想：这昏君浑浑噩噩混沌不开，便随口应道：“馄饨。”为了纪念西施的智慧和创造，苏州人便把它定为冬至节的应景美食。

吃汤圆

吃汤圆也是冬至的传统习俗，在明清时期已经约定俗成，江南尤为盛行。冬至这天，人们要做“粉圆”或“粉糯米丸”，也叫“汤圆”。汤圆做好后先要祀神祭祖，而后全家围坐吃汤圆,叫作“添岁”。冬至吃汤圆是为“取其圆以达阳气”，因古有天圆地方之说，而天代表阳，冬至阳气初生，食用象征着“阳”的圆子，以庆贺“阳生”，同时寄予祈求团圆喜庆之意。古人有诗云 :“家家捣米做汤圆，知是明朝冬至天。”

（西安市纺织城小学　牛卓青）

冬至补冬

补冬是汉族节日饮食习俗，在全国各地都很流行。人们为了增强体质、抵御寒冬，同时犒劳一家人的辛苦劳作，饱其口福。特别是台湾地区，为了适应寒冷的气候，人们纷纷在冬至这一天宰杀鸡、鸭、羊或狗等，用狗肉或羊肉等与姜、枣炖出十全大补汤滋补身体，达到补血益气的功效。因此，民间有“三九补一冬，来年无病痛”的说法。

冬至曾是岁首，所以，在这天人们总关心来年的旱涝和丰歉。各地人们通过观察得出了许多气象谚语，让我们来读一读吧！

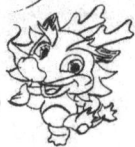

冬至晴一天，春节雨雪连。(安徽)

冬至暖，烤火到小满。(桂林)

冬至没打霜，夏至干长江。(湖南)

冬至落雨星不明，大雪纷纷步难行。(江苏)

冬至有雪来年旱，冬至有风冷半冬。(山西、山东)

了解了这么多冬至的知识，让我们到“冬至乐园”里走一走吧！

第一关 : 玩一玩

了解了“九九消寒图”,请你也来设计一幅“九九消寒图”,记录今年“入九”之后的天气变化情况。

第二关：学一学

在“冬至”这个传统节日里，你了解了哪些知识？快来晒一晒吧！

1. 冬至是每年阳历的 12 月____日至____日之间。

2. 冬至这一天是一年中______最短的一天。

3. 从冬至这天开始就进入了______。

4. 冬至时，漠河会出现______奇观。

第三关：读一读

阅读下面儿歌，想想哪些地方体现了冬至的习俗和特点？

冬至节

冬至冬至，天之生日。
天坛盛祭，天子亲致。
冬至冬至，天之生日。
阳长阴消，天下大治。
冬至冬至，天之生日。
昼短夜长，君子静之。
冬至冬至，天之生日。
数过九九，春来燕至。

韵味诗词诵读经典

邯郸（hán dān）冬至夜思家

（唐）白居易

邯郸①驿②里逢冬至，抱膝灯前影伴身。
想得家中夜深坐，还应说着远行人③。

【注释】

①邯郸：地名，今属河北省。

②驿：古代传递公文的人和官员途中换马或住宿的地方。

③远行人：指诗人自己。

【赏析】

这首诗写于贞元二十年岁末，当时他任秘书省校书郎。写这首诗时，正值冬至夜，他宦游在外，夜宿于邯郸驿站中。这首诗反映了作者思家之情，字里行间流露着浓浓的乡愁。在冬至这个如年的节日里，本是一家团圆之时，而作者却独自在外出差，其孤寂之感，思家之情，已溢于言表。

小　至①

（唐）杜甫

天时人事日相催，冬至阳生春又来。
刺绣五纹②添弱线③，吹葭（jiā）④六琯（guǎn）⑤动浮灰⑥。
岸容待腊⑦将舒柳，山意冲寒欲放梅。
云物⑧不殊乡国⑨异，教儿且覆⑩掌中杯。

【注释】

①小至：冬至前一日。

②五纹：五色彩线。

③添弱线：古代女工刺绣，因冬至后，白天渐长，就可以多绣几根丝线。

④吹葭：古人用来测时令的一种方法。葭，初生的芦苇。

⑤六琯：古代乐器，用玉制成，六孔，像笛。

⑥浮灰：一作“飞灰”。

⑦腊：腊月。

⑧云物：景物。

⑨乡国：家乡。

⑩覆：倾，倒。

【赏析】

这首诗是杜甫大历元年（公元 766 年）在夔（kuí）州（位于今重庆市北部）写的。那时诗人生活比较安定，心情也比较舒畅。本诗写了冬至前后的时令变化，不仅用刺绣添线写出了白昼增长，还用河边柳树即将泛绿，山上梅花凌寒欲放，让人们感受到冬天里孕育着春的气息。诗的最后两句描写了作者由眼前景物产生了对故乡的回忆。诗人惬意，举杯痛饮，反映出诗人难得的舒适心情。

名家名作感悟节日

冬至的梦

徐 鲁

很小的时候，爷爷就教我们背诵那古老的《二十四节气歌》："春雨惊春清谷天，夏满芒夏暑相连，秋处白秋寒霜降，冬雪雪冬小大寒。"那时候只知道到了冬至，再过了小寒、大寒，便是我们小孩子所盼望的春节了。

冬至前后，大雪飘飘。冬至是一年中最寒冷的一天。但是那谁也看不见的春天，也就在这一天随着飘落的雪花向我们走来。只不过她不愿意那么快地与人们见面。但她使一切有生命的事物都开始做着自己温暖的梦，希望的梦。果园里的苹果树，白雪覆盖着的葡萄枝，泥土中的冬小麦与草根，地窖里的白菜和树苗，还有冬眠的青蛙和蚯蚓……虽然你听不到它们苏醒的声音和梦中的呓（yì）语，但是慈祥而深情的大地母亲是能够感觉到那万物的生命的血液的涌动的。不信你拨开积雪或扒开泥土仔细地看看吧：黑色的藤条变青了，干硬的树枝变软了；冻土地开始松动了，冰河下面有了哗哗的声音了；细小的草根儿有的已经绽出苍白的芽苞了，地窖里的枝条上吐出了指甲大的紫红色的小叶子——它们好像都已经等不及了。

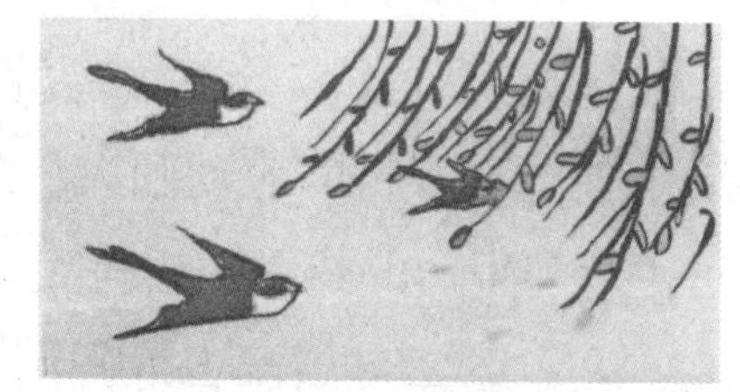

（西安市纺织城小学 米文璨）

等不及也要再等等啊。我们糊得严严实实的小窗现在还不能打开。我们插在草垛上和挂在屋檐下的风车还不能摘下来。我们的冬至的梦，还要再经过九九八十一天才可以真正地在春天里醒来呢！这是多么难熬的八十一天！记得那时候，爷爷的旧墙壁上总会挂起一张白色的梅花图，八十一瓣小花瓣，每过一天，就用朱笔涂红一瓣，一直等到八十一瓣都涂成红色，一树白梅完全变成了红梅，爷爷才会告诉我们：春天这下真的来了，你们可以换下厚厚的棉衣了。

哦，我多么向往明朗的温暖的春天！我更依依地怀念那无数个漫长的冬夜里曾经做过的温暖的梦！那是雪的梦、花的梦，是梦里的希望。那是绿草的梦，是杨柳和燕子的梦，是渴望着返青和拔节的麦子的梦，是挂在高高的树梢上的风筝的梦，是一夜间就甜透了整个农家的冬米糖的梦……

梦里送走了多少个冬至，善良而勤劳的爷爷也早已安息在故乡的大地上了。但我竟然没能保存下一张那给我留下了深深记忆的、由白梅变成红梅的梅花图来。我只依稀记得那写在图画两边的一副对子："但看图中梅树红，便是门外柳叶青"。

（本文节选自徐鲁的《冬至的梦》，有删改）

名作欣赏

这是现代作家徐鲁撰写的一篇散文。作者以一个孩子的独特视角，描绘出冬至后万物的萌动和人们的生活，字里行间饱含着作者对春天的向往，对生活和生命的热爱。语言生动，文质兼美。

文章第二自然段告诉我们：冬至的梦是"温暖的梦、希望的梦"，这是文章的主旨。围绕这句话作者先描写了一切有生命的事物已经迫不及待地迎接春天的到来，开始做起了温暖的梦，希望的梦。其次，作者围绕这一内容，在第三自然段作者描写了爷爷绘制白梅图的经过，爷爷用美丽的梅花图来计数，每一片花瓣都珍藏着爷爷对春天的渴望，这就是老人冬日里温暖的梦、希望的梦。阅读时，我们可以先找出表达文章主旨的句子，再围绕主旨思考文章是从哪些方面来描述的。

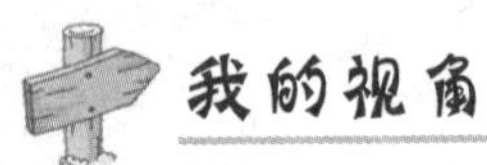

我的视角

视角一：

这篇文章讲述了冬至过后世界上的万物都苏醒了，准备迎接春天，"我"和爷爷也期盼着春天的到来。

视角二：

这篇文章作者采用了拟人的写法，把春天想象成一个小姑娘，羞怯得不想与人们见面。这一修辞手法的运用赋予春天人的性格，让我们感受到她是如此含蓄温婉，如此诗意浪漫。在描写藤条、树枝、冻土等事物时用了排比的修辞手法，让我们看到了万物复苏的春天，感受到作者童年中梦幻般的情景是那么令人陶醉。

我的视角：

____

____

我的摘录

好词：

飘落的雪花　苍白的芽苞

____

佳句：

黑色的藤条变青了，干硬的树枝变软了；冻土地开始松动了，冰河下面有了哗哗的声音了；细小的草根儿有的已经绽出苍白的芽苞了，地窖里的枝条上吐出了指甲大的紫红色的小叶子——它们好像都已经等不及了。

____

____

我的思考

1.“冬至的梦”究竟是怎样的梦？你是从哪些句子中体会出来的？

2. 冬至日，还有哪些事物做着冬至的梦？仿照“不信你拨开积雪或扒开泥土仔细地看看吧……”这一片段来段描写吧！

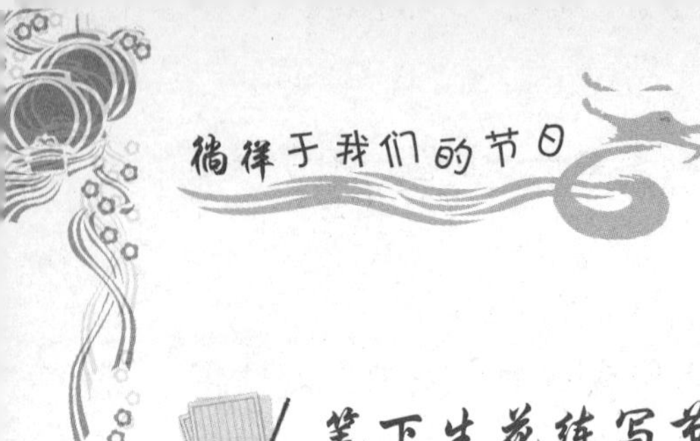

笔下生花练写节日

同学们，在冬至节，也许你和家人一起去祭祖，也许你和家人共同包饺子、煮汤圆……整个活动一定给你留下了深刻的印象，让我们拿起笔来，将这难忘的场景记录下来吧！

在写这篇文章前，首先要按一定的顺序，回忆活动整个过程。抓住活动中的精彩场面，将自己看到的、听到的、感觉到的、想到的内容写下来。写作时注意抓住人们的动作、语言、神态、心情变化等细节，把内容写具体，写清楚，注意详略得当。这是自己的亲身经历、亲身体验，要写出真情实感。

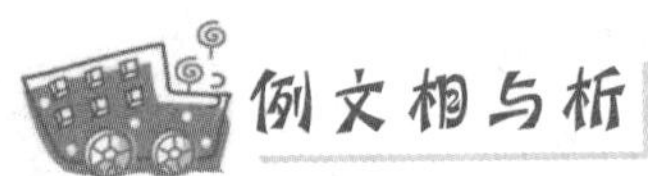

例文相与析

第一次包饺子

（西安市纺织城小学 王辰悦）

过冬至，吃饺子的风俗，据说是沿袭“医圣”张仲景冬至日舍药救民的故事。看着早早就进入厨房准备包饺子的妈妈，我央求道：“妈，我也要包饺子。”妈妈同意了，我好开心，因为这是我第一次包饺子。

剁肉、拌馅儿等工作早已准备就绪。一盆茶褐色、黏糊糊的羊肉馅儿摆在案板上，虽然颜色不好看，你若低头一闻，一阵诱人的香味便扑鼻而来。老将出马——一个顶俩。不一会儿饺子皮像小山一样在妈妈手下垒成了堆儿。该包饺子了，我学着妈妈的样子拿起了一块饺子皮，有模有样地舀了满勺肉馅放在饺子皮中间，把饺子皮合拢一捏——哈哈！肉馅从饺子皮中钻出来了，对外面的世界恋恋不舍哩！我左一捏，右一捏——但肉馅像存心作对，就是不听话，搞得我手忙脚乱，真是按下葫芦，浮起了瓢。我费了九牛二虎之力，终于把第一个饺子包好了。当我把自己的得意之作摆在妈妈包的饺子旁边时，我哑口无言了:我包的饺子就像一只斗败的“公鸡”，伤痕累累，耷拉着脑袋，站也站不稳，皮上沾满了馅儿，难看极了！妈妈看了，哭笑不得，无可奈何地说:“来，我教你。”妈妈一边说一边给我做示范。我按照妈妈教的方法，认真地包起来，费了好大的工夫才包出十几个饺子。别看就十几个饺子，它们可是奇形怪状各不相同啊：有“瘪肚王”，有“大肚子蝈蝈”，还有“开口笑”……妈妈说:“哈哈，你包的饺子是虾兵蟹将，算了，还是让我一个人包吧。”“那怎么行？我不能让传统文化在我们这一代手中消失呀。”我不甘示弱，便继续做起来。有志者，事竟成，我终于做出了一个像模像样的饺子。妈妈看着我的杰作，也不停地夸奖我：“悦悦，你终于学会包饺子了。”

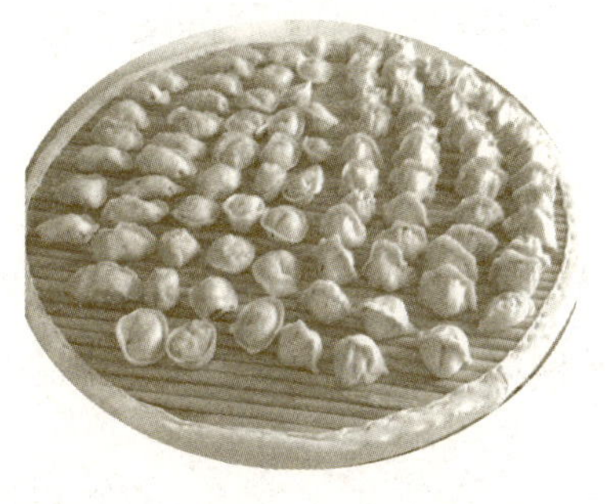

饺子终于包好了，妈妈小心翼翼地把水饺倒进沸腾的锅里。一个个饺子如快活的小天鹅在游泳。不一会儿，饺子出锅喽！妈妈给我捞了一大碗，我迫不及待地蘸着准备好的汁水，咬了一口，满口生津，真是色香味俱全啊！站在一旁的妈妈说：“慢慢吃，多吃点儿，‘吃了冬至饺，耳朵冻不了’。”

例文相析会

主持老师：我国历史源远流长，在长期的历史进程中，劳动人民用自己的智慧和双手创造了灿烂的民俗文化。在阳气初升的冬至，有人回老家为祖先上坟，有人和家人围坐一起包汤圆，小作者在妈妈的指导下学习包饺子。剁肉、拌馅儿、擀皮、包饺子、吃饺子，整个过程观察细致，恰当地运用了比喻、拟人等修辞手法进行描写，注重了自身的真实体验，使文章生动有趣，富有真情实感。

甲同学：学习一种本领常用的写作顺序是：学习的时间、地点、起因—学习中遇到的困难—怎样解决的—之后的反复练习— 感想或收获。作者基本按照这个顺序描写了学包饺子的过程。只是最后一段用俗语照应了开头，如果在最后一段再加入自己的收获我想会更好。

乙同学：我也会包饺子。记得刚开始学时，也像作者一样，遇到了很多困难：馅儿放多了，皮顶破了；馅儿放少了，饺子像个病秧子，站都站不直，手上总是黏糊糊，沾满了馅儿。所以，当我读到第三段时，我有一种身临其境的感觉。

丙同学：小作者第一次包饺子，把自己的动作、心理描写得很细致，我觉得还应该写清妈妈的语言、教授的步骤和动作，这样学技艺的过程就更详细了。

佳作摘读

冬至那天，天刚刚破晓，全家人就开始忙碌了。男人去井台挑水；妇女则开始用瓷盆和面；年龄稍大点的孩子，则被父母命令赶快起床打扫院落。猫和狗也爬起来，抖抖身子，走出窝口。农家的冬至节就这样拉开了帷幕。

——摘自《西安晚报·冬至蒸冬》

今天吃饺子如此之便，可我还是向往在儿时冬至节里，由母亲用擀面杖擀出的饺皮，包裹亲手剁成的饺馅，双手捏合起来的饺子，就算是还没下锅煮，也能闻出饺子别样的香味来。回望远去的岁月，打开童年尘封的往事，冬至的饺子里，裹满了美味和亲情，飘着袅袅腾腾的热气，袭上心头，无比幸福。

——摘自宋伯航《冬至饺子香》

“天时人事日相催，冬至阳生春又来。”“冬天来了，春天还会远吗？”我想不明白，在天寒地冻的冬天，东方的诗圣杜甫和西方的理想主义大诗人雪莱，为什么对冬至也就是冬天来临会如此钟情呢？竟然让这中外的两个诗人，穿越时空，摒弃国别，你酬我唱，在隆冬里遥望阳春，忘却寒冷，分别吟唱了讴歌冬至的诗篇，并成为脍炙人口的世间绝唱。久经思考，我一直都没有寻找得到令我信服的答案。不知不觉地，今天又到了一年一度的冬至。于是，我突发奇想，这中外的两个诗人能够这样心有灵犀地不谋而合，无外乎是因为冬至这一节气具有特别不同的意味，或者充满了对春天的期待和希望的诗意吧？

——摘自梁智华《冬天已到，春天还会远吗？》

动手动脑体验节日

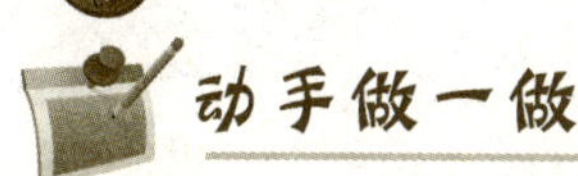

动手做一做

同学们，古人利用土圭，观测一年里每天中午12点标杆影子在太阳下的长短变化，确定了节气——冬至。你们一定想知道土圭长什么样吧？让我们今天来学做“简易的土圭”。

物品名称：简易的土圭

物料准备：

一根约10厘米长的铅笔（或一根筷子）、一块平滑的木板（或泡沫塑料板）、一张和木板同样大小的白纸、橡皮泥

制作步骤：

（1）把白纸粘在木板上，在白纸上标好东南西北四个方向。

（2）再将铅笔用橡皮泥垂直地固定在木板上，简易的日影观测仪就做好了。

注意事项：

铅笔和木板一定要垂直。

活动谋一谋

同学们，土圭做好了，让我们当一名小小观察员，去观察一天中日影的变化规律吧！

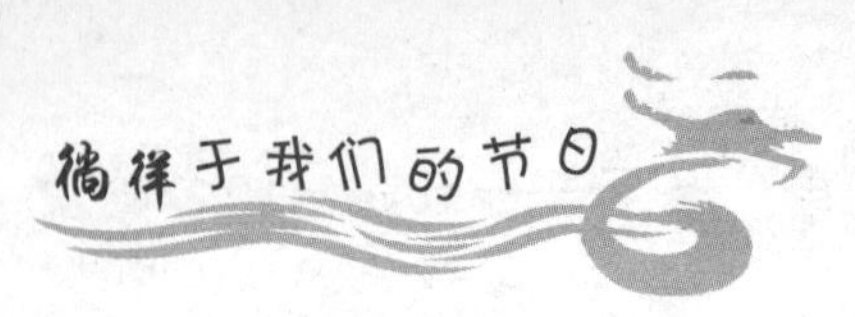

活动策划：

1. 猜一猜阳光下物体影子怎样变化。

2. 利用简易的土圭，观测阳光下物体影子的长短和方向的变化。

早上八点，把自制的土圭放在一天都能照射到阳光的地方（如操场），让太阳从白纸上标示“东”的方向照过来,观察铅笔的影子投向了哪个方向?测量铅笔的影长。接着每过一个小时观察测量一次,做好数据和信息的收集。

3. 将观测到的情况填写在下表。

观察阳光下物体影子的变化

观察时间	太阳位置和影子的方向	影子的长度
8 时		
9 时		
10 时		
11 时		
12 时		
13 时		
14 时		
15 时		
16 时		

4. 根据观察数据发现规律。

阳光下物体影子在一天中的变化规律是：____________________

太阳的位置和影子的方向总是：____________________

5. 总结观测结果。

通过测量土圭在地面上的投影，我们发现一天中最短的时候是正午。就这样天天测量，我们发现一年中正午影子最短的日子就是夏至，最长的日子就是冬至。以此验证古人的观测结果。

节日回望与思考

民俗节日的形成都有其深远的根源。古人认为二十四节气之一的冬至日,阴气达到了极点,阳气即将回升。冬至后入九,九九八十一天,为农事报信。

冬至日因为阳气始升,汉代以前一直被视作一年之元日,所以有“冬至大如年”之说。由此可见,节气虽然并不等于“节日”,但节气使一批“常日”被特别地突出来。

你认为庆贺冬至的习俗应不应该保留或改进?

第十一章

腊八节——利乐有情佛粥香

传统节日在漫长的历史演化过程中，往往被赋予新的内涵。

“腊”是一种祭礼。自古先民于此节祭祖、祭神，祈盼吉庆有余。

随着佛教文化的传入，此日更有利乐他人，有情众生的意义。因此，腊八粥又称“佛粥”。过去，大户人家往往熬制很多腊八粥，施舍给乞丐、穷人、孤寡者。

一年一度的腊八节，各地寺院舍粥场面最是温馨、祥和。喝上一碗香喷喷、热腾腾的腊八粥，足以驱散数九的严寒。因为它包含了温暖、和谐、健康、淡泊、感恩、欢喜、结缘、吉祥、圆满等诸多美好的情愫（sù）。

华夏文化传承节日

节日溯源

腊八节最早是古人在腊月祭祀祖先神灵的，是一年之年终大祭。后来，佛教传入我国，相传佛教的创始人释迦牟尼于此日悟道成佛，因此，腊八节又叫“佛成道节”。

释迦牟尼是古印度北部迦毗（jiā pí）罗卫国（今尼泊尔境内）净饭王的王子，生活衣食无忧。但当他看到人们忍受生老病死等痛苦的折磨时，感到非常难过。为了拯救世间人们离苦得乐，他放弃了王子的优越生活，出家修道于深山之中，静坐长达六年之久。在此期间，他每天吃很少的食物，饿得骨瘦如柴。就在他最艰难的时候，恰好遇到一位牧羊女，送他乳糜（mí），他吃完以后，盘腿坐在菩提树下，于十二月初八这天悟道成佛。公元 1 世纪佛教传入中国后，为了纪念释迦牟尼成道，各个寺院在这一天都要念经、煮粥敬佛，施舍百姓。

民间还有传说，腊八节是源于对抗金名将岳飞的怀念。当年，岳飞率领部将抗击金兵于朱仙镇，正值数九严冬，岳家军缺衣少食，饱受饥寒之苦。当地百姓知道后，在腊月初八这天，纷纷煮粥相送，支持岳家军抗金。岳家军饱餐了一顿百姓们送的“千家粥”，士气大振，士兵们个个骁（xiāo）勇善战，最后凯旋而归。岳飞死后，人们为了纪念他，每到腊月初八，就用各种杂粮及豆果煮粥，久而久之就演变成了一种传统习俗。

关于腊八节的由来，还有赤豆打鬼、纪念修筑长城的工匠等不同的传说。

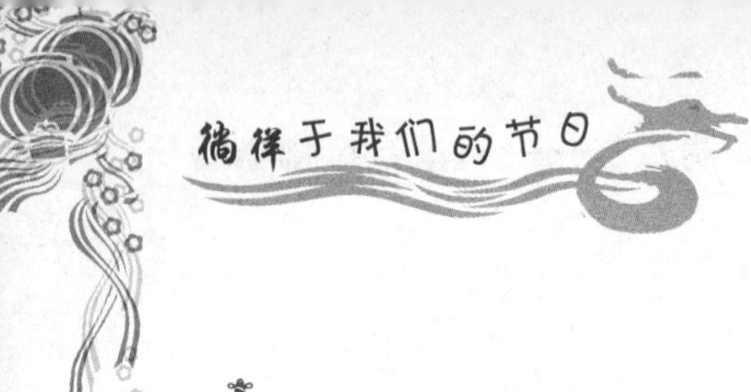

多样习俗守望节日

喝腊八粥

腊八这天，人们用粮食谷物进行祭祀和祝祷，祈求来年风调雨顺，农业丰收，称为“腊八祝”。因为“祝”与“粥”音似，人们煮粥敬献农神，祈祷丰收，用“腊八粥”来谐音“腊八祝”的意思。

腊八粥，也叫“福寿粥”“福德粥”和“佛粥”。古代天子也用腊八粥赏赐百官。在腊祭习俗发展中，佛教精神渐渐渗入其中，于是各大寺院舍粥活动相沿成习。现在每逢腊八节，平常百姓都会煮腊八粥，祭祀祖先，合家享用，馈赠亲友。

（西安市航天二一〇小学　严子昱）

最早的腊八粥主要是用红小豆来煮，现在的腊八粥一般以白米为主，掺入红枣、莲子、桂圆、红豆等。由于腊八粥是用多种食材熬制而成，色泽丰富，回味无穷，人们还把它叫作“七宝五味粥”。

我国各地煮腊八粥也有不同的特点。老北京的腊八粥最为讲究，从用料到熬煮都很细致。陕北人吃的腊八粥中还会有干果、豆腐、肉等，也叫焖饭；陕南人则会在粥中加肉丁、豆腐、萝卜等。而青海人吃的是麦仁粥，把麦仁和牛羊肉一起煮，加上各种佐料，香气扑鼻，味道可口。

据说，明太祖朱元璋小时候家里很穷，给财主放牛。有一天放牛回来时，路过一座独木桥，谁知牛失足一滑，跌下了桥，把腿给跌断了。老财主知道后气急败坏，就把他关进一间房子里，不给他饭吃。朱元璋饿得够呛，忽然发现房子里有一个老鼠洞，扒开一看，原来是老鼠的“粮仓”，里面有米有豆，还有红枣。他把这些东西收拾到一起，煮了一锅粥，吃起来十分香甜可口。后来朱元璋当了皇帝，又想起了这件事儿，便叫御厨熬了一锅各种粮豆混在一起的粥，吃的这一天正好是腊月初八，因此，这粥就叫“腊八粥”。

泡腊八蒜

泡腊八蒜是我国北方地区，尤其是华北地区的传统习俗。主要材料是醋和大蒜瓣儿，泡在醋中的蒜逐渐变得绿如翡翠，醋也因为有了蒜的辣味而变得与众不同，可谓是“色香味”俱全。到了大年三十、春节前后，人们就着腊八蒜和醋吃饺子、拌凉菜，味道很好。

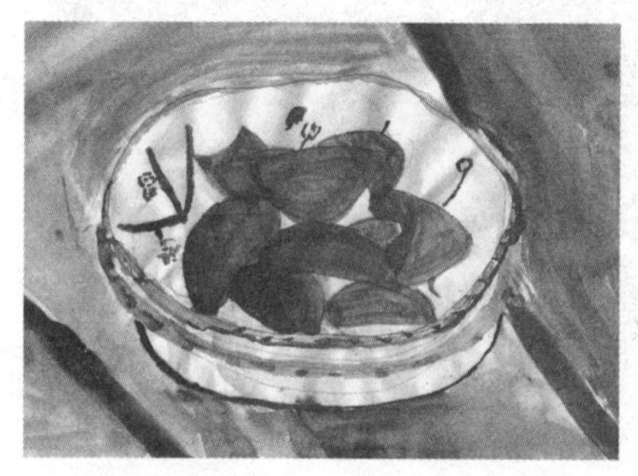

（西安航天二一〇小学　宋思萌）

人们之所以选择泡制腊八蒜，是因为腊八蒜的“蒜”字和“算”字同音，过去各家商铺要在腊八这天清算收支，看看盈亏。北京城有句民谚：“腊八粥、腊八蒜，放账的送信儿，欠债的还钱。”腊八这天，债主会到欠他钱的人家送信儿，让他们准备还钱。为了顾及欠债人的面子，债主会将腊八蒜作为“还债信号”送到欠债人家里，意思不言自明，欠债人就会尽快把债务还清。

吃腊八面

腊八面，是汉族传统面食，也是一种腊八节的节令食品，主要流行于陕西关中地区。在陕西渭北一带的澄城地区，腊八节一般不喝粥，而是吃碗腊八面。

腊八面以面和各种豆类为原料，把面做成韭叶面（与韭菜叶宽度相等的面条）备用。腊八这天用各种豆类来熬汤，同时用熟油将葱花爆香，面煮好后将葱花油泼入锅中，香气扑鼻的腊八面就做好了。

还有些地方吃的腊八面用臊子拌着吃。人们会提前一天用各种果蔬切丁炒熟做成臊子，可以随家人口味酌（zhuó）情放入各种调味品，材料多样，寓意丰收。到腊月初八早晨，只需要将面条煮熟，将臊子放进碗里或锅中调味，就可以和家人一起品尝腊八面了。

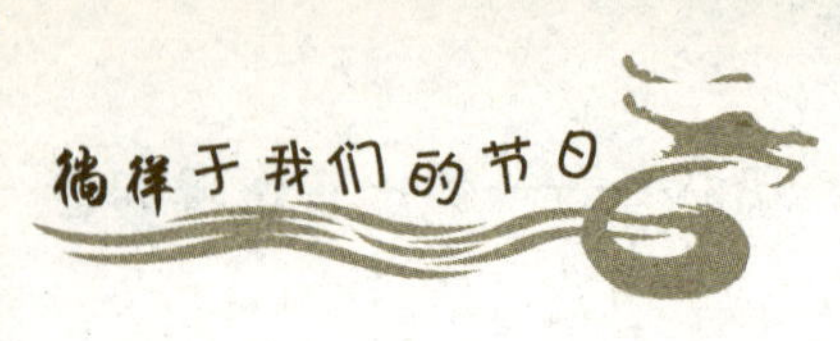

做腊八豆腐

“腊八豆腐”是安徽黟（yī）县民间风味特产，腊八前后，家家户户都要晒制豆腐，民间将这种自然晒制的豆腐称作“腊八豆腐”。

制作腊八豆腐的过程很简单：先用上等小黄豆做成豆腐，切成圆形或者方形的块状，然后抹上盐水，在上部中间挖一小洞，放入适量的食盐，放在冬日温和的太阳下慢慢烤晒，盐分逐渐吸入，水分日渐晒干，即成腊八豆腐。腊八豆腐色泽黄润如玉，入口蓬松绵软，味道咸中带甜，吃起来又香又鲜。

（西安市航天二一〇小学　宋思萌）

腊八豆腐平时可以用草绳悬挂在通风处晾着，吃的时候再摘取，一般可以晾放三个月不变质、不变味。它既可以单独吃，也可以与肉类同炒、同炖。招待贵宾时，当地的人们还会将腊八豆腐精心雕刻、烹调，成为酒宴佳肴，表示对客人最大的尊重。

趣味闯关

第一关：读一读

小孩小孩你别哭，过了腊八就杀猪。
小孩小孩你别馋，过了小年过大年。

人过腊八要争先，过好腊八把福添。
谁家烟囱先冒烟，谁家谷子先黄尖。

第二关：选一选

与腊八节的传说有关的人物都有谁呢？（　　）

A. 康熙　　B. 修筑长城的工匠

C. 李世民　　D. 朱元璋

第三关：连一连

下面这些熬制腊八粥的原料你都认识吗？赶快找到它们的名称连一连吧！

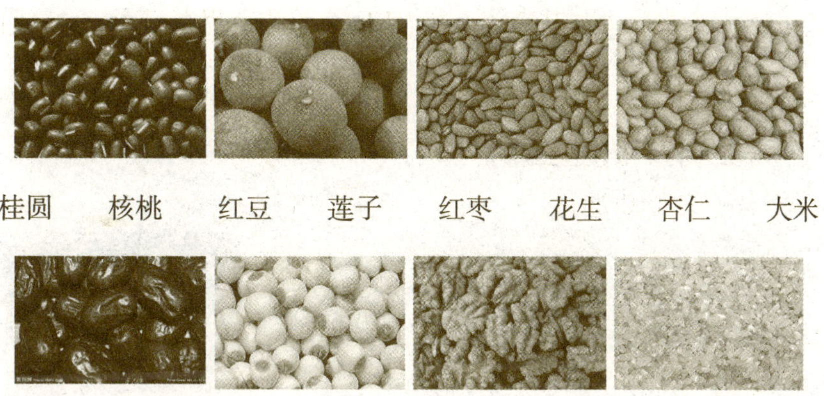

桂圆　核桃　红豆　莲子　红枣　花生　杏仁　大米

韵味诗词诵读经典

腊日

（东晋）陶渊明

风雪送余运①，无妨时已和②。
梅柳夹门植③，一条有佳花。
我唱④尔言得⑤，酒中适⑥何多！
未能明多少，章山有奇歌。

（西安医学高等专科学校　彭薇）

【注释】

①余运：一年内剩下的时运，即岁暮。

②时已和：时节已渐和暖。

③夹门植：种植在门两旁。

④唱：指咏诗。

⑤言得：称赏之意。

⑥适：适意，惬意。

【赏析】

已经到了岁暮的时候，虽然风雪满天，但门外两侧的梅柳也已经透露了春的信息。在这惬意的时刻，对梅小酌，吟诗作对，其中的惬意谁能知道啊！在这酒醉酣畅之际，一首首美妙的诗歌就这样吟诵而出了。这首即景言情的清新小诗，表现出诗人悠然自适的神情意态，表现了田园生活平淡自然的乐趣。

十二月八日步至西村

（宋）陆游

腊月风和意已春，时因散策[①]过吾邻。
草烟漠漠柴门里，牛迹重重野水滨[②]。
多病所须惟[③]药物，差科[④]未动是闲人。
今朝佛粥交相馈[⑤]，更觉江村节物新。

（西安市航天二一〇小学　宋思萌）

【注释】

①散策：拄着拐杖散步。

②滨：水边。

③惟：只有。

④差科：差役和赋税。

⑤馈：赠送。

【赏析】

虽然此时还是隆冬腊月，但已显露出风和日丽的春意。诗人趁机拄着拐杖去散步，看到柴门里草烟漠漠，河边有许多牛经过的痕迹。原本感到自己像个闲人一样，但看到人们互赠佛粥，感觉到这江边村落弥漫着清新的气息，一切都是那么有生机，郁闷的情绪也一扫而空。整首诗弥漫着闲适的情调，展现了腊八节带给人们的欢愉。

关于腊八节的古诗还有北齐魏收的《腊节》，唐代诗人杜甫的《腊日》，清代诗人夏仁虎的《腊八》等。

名家名作感悟节日

腊八粥

冰心

从我能记事的日子起，我就记得每年农历十二月初八，母亲给我们煮腊八粥。

这腊八粥是用糯米、红糖和十八种干果掺在一起煮成的。干果里大的有红枣、桂圆、核桃、白果、杏仁、栗子、花生、葡萄干等等，小的有各种豆子和芝麻之类，吃起来十分香甜可口。母亲每年都是煮一大锅，不但合家大小都吃到了，有多的还分送给邻居和亲友。

（西安市航天二一〇小学　黄子衿）

母亲说：这腊八粥本来是佛教寺煮来供佛的——十八种干果象征着十八罗汉。后来这风俗便在民间通行，因为借此机会，清理橱柜，把这些剩余杂果煮给孩子吃，也是节约的好办法。最后，她叹一口气说："我的母亲是腊八这一天逝世的，那时我只有十四岁。现在我每年还煮这腊八粥，不是为了供佛，而是为了纪念我的母亲。"

我的母亲是1930年1月7日逝世的，正巧那天也是农历腊八！为了纪念我的母亲，我也每年在这一天煮腊八粥。虽然我凑不上十八种干果，但是孩子们也还是爱吃的。

今年"腊八"这一天早晨，我偶然看见我的第三代几个孩子，围在桌旁边，在洗红枣，剥花生，看见我来了，都抬起头来说："姥姥，以后我们每年还煮腊八粥吃吧！妈妈说这腊八粥可好吃啦。您从前是每年都煮的。"我笑了，心想这些孩子真馋。一个孩子轻轻地说："妈妈和姨妈说，您母亲为了纪念她的母亲，就每年煮腊八粥，您为了纪念您的母亲，也每年煮腊八粥。现在我们为了纪念我们敬爱的周总理，周爷爷，我们也要每年煮腊八粥！"他一面说着，一面从口袋里掏出一小张叠得很平整的小日历纸，

在一九七六年一月八日的下面，印着“农历乙卯年十二月八日”字样。他把这张小纸送到我眼前说：“您看，这是妈妈保留下来的。周爷爷的忌辰，就是腊八！”

泫然：原意是指水滴落的样子，在这里是形容流泪的样子。

我没有说什么，只泫（xuàn）然地低下头去，和他们一同剥起花生来。

（本文节选自冰心的《腊八粥》，有删改）

名作欣赏

这是著名作家冰心写的一篇散文，作者将传统的节日风俗与纪念亲人的家庭节日相结合，融传统文化于亲情传递之中。

本文层次分明，读者通过把握不同时代的人物对腊八节的情感，了解文章的主要内容。文章开篇即点明主题，紧接着讲述了煮腊八粥的原料和用意，进而通过讲述母亲和“我”用煮腊八粥的方式纪念逝去的亲人的事情，展现了对腊八节的认知和回忆。最后记叙了孩子们对这个节日的新认识，体现了传统节日在传承过程中的时代意义。

文中将三代人对腊八节的感受进行了纵向对比，点线结合展现腊八滋味。不但可以引起老一辈读者的情感共鸣，更能够为现代的年轻人展现社会发展的足迹，体现了传统节日在与时代融合过程中内涵不断丰富的过程。

我的视角

视角一：

读完文章，我被这代代相传的亲情、爱国情感动了，这就是我们民族的特色、传统的价值，只有将美好的情感融入生活，一切才是那么真挚。

视角二：

文章的结尾写道：“我没有说什么，只泫然地低下头去，和他们一同剥起花生来。”这一意味深长的语句，不但给作者，更给广大的读者留下了思索和感悟的空间，使得文章言有尽而意无穷。

我的视角：

我的摘录

好词：

迁徙　泫然

佳句：

干果里大的有红枣、桂圆、核桃、白果、杏仁、栗子、花生、葡萄干等等，小的有各种豆子和芝麻之类，吃起来十分香甜可口。

我的思考

1. 自读文章，想一想：作者一家人都有谁煮腊八粥，各自为了什么呢？请把自己的阅读发现填写在下面的表格里，注意书写清晰、工整。

煮腊八粥的人物	代表的意义

2. 文中有许多人物语言，哪一句令你印象最深？请在文中画下来，并说说自己的感受。

笔下生花练写节日

在腊八节，你会想起谁？哪件事令你难忘？哪份情意让你不断回味？这次习作，我们就写一写“腊八节我想起了 ××”。我们可以抓住故事中人物的具体表现，尝试运用正面描写与侧面描写相结合的方法来塑造人物形象，给读者留下深刻的印象。

例文相与析

腊八送粥记

（西安市航天二一〇小学　孙丞泽）

听奶奶说，她小时候家里很穷，经常挨饿，但每逢腊八节，总能喝上乡里大户人家施舍的粥。奶奶说，“腊八粥”也叫“佛粥”，给人和乐与安康。每年腊八，她都会精心熬制一大锅粥，分给家人和社区里的孤寡老人喝。

今年一进腊月，奶奶就动手准备熬粥原料：大米、小米、薏米、红豆、花生、红枣之类的主料自不必说；莲子、桂圆、百合、银耳、葡萄干、冰糖、枸杞等辅料一样也不可少。这些物料，有的需要提前浸泡，有的需要细心挑拣，奶奶年老眼花，挑拣豆子的时候常常需要我这个“小眼尖”帮忙。就这样，奶奶一直忙到腊八节前一天晚上十点多。

第二天一大早，奶奶就起来熬粥，浓郁的粥香从厨房里飘出来，吸引着我从床上蹦下来，跑进厨房。只见奶奶系着围裙，拿着长勺在锅里慢慢地搅着，锅里的粥咕嘟咕嘟地滚着，大大小小的粥泡缓缓充起又无声地破掉，好像迫不及待地宣告着：“好了！好了！”

奶奶的腊八粥终于熬好了，鲜艳的色泽、诱人的香味让我馋涎欲滴。奶奶把煮好的粥装进保温桶和保温饭盒，冲我笑着说：“走，送粥去！”

近几年奶奶送粥，我总是她的小帮手。奶奶端着保温饭盒，我手提保温桶，先朝五号楼的王奶奶家走去。王奶奶身体不太好，老伴多年前就去世了，儿女都在外地工作，她平时总是一个人在家。奶奶经常来找她聊天，逢年过节少不了问候。今天是腊八节，这腊八粥更是少不了。

当王奶奶打开门一看是我们，开心地笑了：“快进！快进！”奶奶也笑着说：“王姐，我给您送粥来啦！”说着端粥走了进去。

王奶奶连忙招呼我们坐下。奶奶把饭盒打开，放在桌上，一股香气瞬间弥漫开来。奶奶说：“王姐，趁热吃吧！”王奶奶舀了一口送到嘴里，忍不住感叹：“每年都喝你煮的腊八粥，你的这份心啊，比粥还暖人呢！”说着，眼角流出了泪水。奶奶笑了笑，说：“咱们是好邻居，这有个啥！王姐，别说腊八粥，还有啥想吃的尽管说，我都给你做！”两位奶奶相互一看，都笑了。

（西安市航天二一〇小学　徐子璇）

从王奶奶家出来，我随奶奶又来到老年人社区活动室。记得那天冬日的暖阳透过窗户照进来，照着保温桶“佛粥”的热气，也照着爷爷奶奶的笑脸。老爷爷老奶奶脸上的皱纹化作了朵朵春花，连他们的银发都闪耀着金光。那一瞬间，我更加深刻地体会到了腊八粥饱含的情意。一会儿回家，我要再盛一碗粥，给楼上的张爷爷送去！

例文相析会

主持老师：腊八节有许多传统的习俗，要选择合适的题材来展示节日氛围，突出这个节日的文化内涵。

甲同学：腊八节充满人与人之间的关怀，这种感情不但体现在家庭成员之间，更体现在社区邻里之间，甚至并不认识的陌生人之间，大家要做生活的有心人，多观察才会有发现。

乙同学：我们的生活中，许多长辈为我们展示了有滋有味的腊八节，他们坚持传承着节日的传统习俗，熬腊八粥、泡腊八蒜、煮腊八面，与家人同乐，与他人共享，让我们得以看到节日的快乐场面，品尝到节日的丰富滋味，感受到节日的文化内涵。

丙同学：一个节日的传承，离不开感人的故事，离不开有爱的人们。抓住一个人，写好一件事，感受一份情，让传统文化的火炬在我们的手里继续传递。

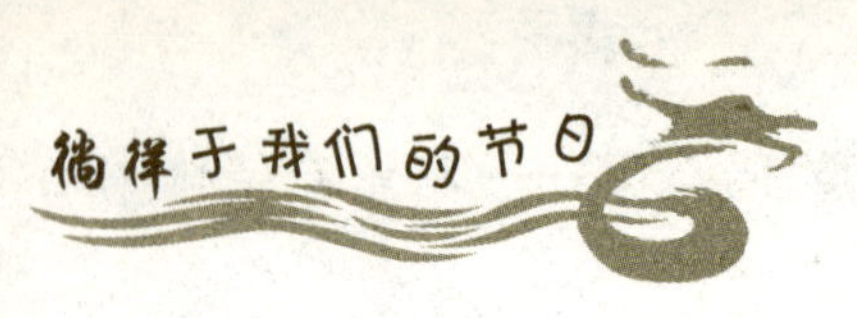

佳作摘读

把小米，饭豆，枣，栗，白糖，花生仁儿合并拢来糊糊涂涂煮成一锅，让它在锅中叹气似的沸腾着，单看它那叹气样儿，闻闻那种香味，就够咽三口以上的唾沫了，何况是，大碗大碗地装着，大匙大匙朝口里塞灌呢！

——摘自沈从文《腊八粥》

锅中的一切，这在八儿，只能猜想……栗子会已稀烂到认不清楚了吧，赤饭豆会煮得浑身透肿成了患水臌（gǔ）胀病那样子了吧，花生仁儿吃来总已是面东东的了！枣子必大了三四倍——要是真的干红枣也有那么大，……这不能不说是奇怪呀，栗子跌进锅里，不久就得粉碎，那是他知道的。他曾见过跌进到黄焖鸡锅子里的一群栗子，不久就融掉了。赤饭豆害水臌肿，那也是往常熬粥时常见的事。花生仁儿脱了他的红外套，这是不消说的事。锅巴，正是围了锅边成一圈。总之，一切都成了如他所猜的样子了，但他却不想到今日粥的颜色是深褐。

——摘自沈从文《腊八粥》

午夜才过，我的二舅爹爹就开始作业，搬出擦得锃（zèng）光大亮的大小铜锅两个，大的高一尺开外，口径约一尺。然后把预先分别泡过的五谷杂粮如小米、红豆、老鸡头、薏仁米，以及粥果如白果、栗子、红枣、桂圆肉之类，开始熬煮，不住地用长柄大勺搅动，防黏锅底。两锅内容不太一样，大的粗糙些，小的细致些，以粥果多少为别。

——摘自梁实秋《粥》

动手实践体验节日

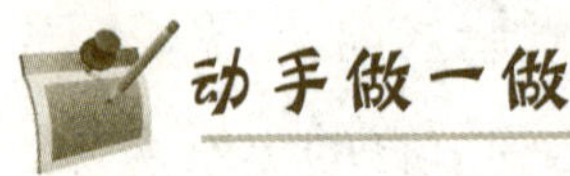

动手做一做

同学们，腊八节的传统习俗丰富多样，大家只有亲身参与其中，才能体会节日的滋味。那就让我们从简单易做的腊八蒜入手，感受腊八节的趣味，与他人分享其中的快乐。

制作内容：腊八蒜

物料准备：蒜瓣、密封容器（罐子、瓶子或者盒子）、糖、醋

制作步骤：

（1）

（2）

（3）

（4）

（1）准备适量大蒜，将其分瓣去皮，剥干净备用。

（2）将剥好的蒜瓣放进准备好的容器中，倒入适量的醋（也可加入一小勺白糖），以浸没蒜瓣为宜。

（3）将容器封上口，放到一个阴凉的地方。

（4）注意观察，蒜瓣的颜色变化，等到其通体碧绿，基本就泡制好了。

注意事项：

① 一般选取紫皮蒜，效果更佳。

② 尽量使用米醋，米醋色淡，泡过蒜色泽鲜亮，口感酸辣适度，香气浓而微甜。

③ 随时注意观察腊八蒜的色泽变化，通体透绿时最好，不宜时间太久，影响口感。

活动谋一谋

人们常说："寒冬一碗粥，温暖一颗心。"正是因为腊八粥中包含着"利乐他人，有情众生"的情意，每逢腊八，各寺庙就会进行舍粥活动，场面非常热闹。你想去亲身体验一下吗？来，让我们一起去感受其中的节日情怀，去品味香甜的佛粥滋味。

活动策划：

1. 资料调查

在我们生活的城市，有哪些寺庙在腊八节这天举行舍粥活动呢？你可以通过调查访问、上网搜查的方式了解一下，确定自己参与舍粥活动的地点。

2. 活动过程

（1）确定活动时间、活动地点、前往方式，准备好相机、一次性碗勺等舍粥用具。

（2）观察舍粥现场：你看到了怎样的场面？有哪些人参与舍粥活动？最令你震撼的是什么？

（3）品尝美味佛粥：舍给你的腊八粥怎么样？描述一下色香味形。

（4）体验舍粥过程：亲身参与舍粥，为他人舀一碗热腾腾的粥，人们有着怎样的表现？你的心情如何？

（5）采访舍粥人物：在舍粥现场，你最想和谁交流？你会问他哪些问题？通过采访，你对舍粥活动有了哪些新的认识？

3. 活动总结

（1）发表活动感言：通过参与舍粥活动，你最大的感触和收获是什么？写下来和大家分享一下。

（2）粘贴活动掠影：在参与舍粥活动中，你记录了哪些感人的场面？又留下了哪些动人的身影？展示出来，让我们一起欣赏！

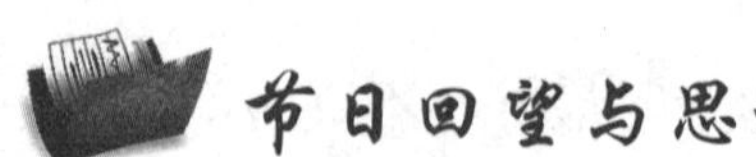

节日回望与思考

腊八节早在秦汉以前便是重要的农猎祀日，每逢此日都要举行隆重的家祭活动。这个祭祀仪式夏代称“清祀”，商朝称“嘉平”，周代称“蜡”，秦朝称“腊”，是一年丰收的喜日。

在我国，宗教对世俗生活的影响至深至广，宗教活动世俗化的倾向比较明显。在腊八习俗发展中，随着佛教渗入，佛寺中都于是日诵经，并用精良谷米与干果做粥供佛、施舍大众。腊八粥遂被赋予有情众生的含义。

1. 你认为今天的人是否比过去的人更孤独？解释是哪些社会变化引出了你的回答。

2. 寺庙中精心熬制的腊八粥对你有吸引力吗？请解释原因。

第十二章

除夕——爆竹声中一岁除

“一夜连双岁，五更分两年。”这是一个天生就特别的夜晚。

爆竹声中，人们惜别去岁，寄意新年。

除夕像一把岁月的尺子忠实地测量着中华民族历经沧桑的年轮。除夕是时光隧道中的关卡，令每个通过此处的中国人都谨言慎行，悲喜交集。

无论你在天涯，还是在海角，每个华夏儿女不约而同地投入家的怀抱。

在家的怀抱里，阖家团聚一起守岁。一起见证岁序的更替，一起感受生命的流逝，一起怀念过去，一起憧憬未来。你听着我的欢笑，我看着你的笑颜。

千家万户在尽享团圆之乐的时候，最易引发诗人生命意识的无尽情思……

除夕夜的灯火是不会熄的。

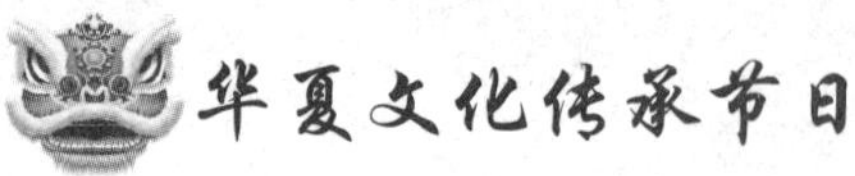

华夏文化传承节日

除夕溯源

农历腊月的最后一天是除夕，俗称年三十，它与春节(正月初一)首尾相连。除夕，即“月穷岁尽”，是即将另换新岁的意思。故此期间的活动都围绕着除旧布新、消灾祈福为中心。

除夕，最早源于先秦时期的“逐除”。据《吕氏春秋·季冬记》记载，古人在新年的前一天，以击鼓的方式来驱除“疫疠(lì)之鬼”，来年才会无病无灾。最早提及“除夕”这一名称的，是西晋周处撰(zhuàn)著的《风土记》。

“年”的传说

古时候有一种叫“年”的怪兽，样子可怕，异常凶猛。它长年深居海底，每到除夕，就爬上岸来，吞食牲畜，伤害人命。为了躲避年，每年腊月三十那天，人们就整理衣物、扶老携幼，躲进深山。

有一年除夕，村民们忙着收拾东西，准备逃往深山。这时，来了一位白胡子老头儿，好心的老婆婆给他一些食物，并劝他赶紧上山躲避年。老头儿说：“我不怕年。你让我在村子里住一夜，我一定会把它撵走的。”老婆婆只好留下他，自己上山避难去了。半夜时分，年闯进了村子。它走到老婆婆家时，发现门板上贴着大红纸，屋里所有的灯都亮着，它害怕得浑身战栗起来。突然，院子里传来噼噼啪啪的响声，年大惊失色，仓皇逃跑了。

第二天，人们从深山回来时，发现村子里安然无恙，感到十分惊奇。他们问老头儿用了什么办法把年赶跑了，老头儿笑着说：“因为我知道年最怕红色、亮光和响声，所以我在门上贴了大红纸，在屋里点上红蜡烛，身穿大红袍，在它来的时候放鞭炮，这样年就被吓跑了。今后你们用同样的办法，就能把它赶跑。”

从此，每年的除夕，人们为赶跑年，家家户户都贴对联，放鞭炮，灯火通明，一家人团聚在一起守岁。

关于除夕节日的由来，还有七郎射“夕”的传说。

多样习俗守望节日

贴春联

春联，俗称“门对”，又名“春帖”，是对联的一种。

春联的一个源头是桃符，最初人们以桃木刻人形挂在门旁以避邪，后来画门神像于桃木上，再简化为在桃木板上题写门神名字。春联的另一来源是春贴，古人在立春日多贴“宜春”二字。

贴春联盛行于宋代，真正普及始于明代，与朱元璋的提倡有关。据史料记载，有一年过年前，朱元璋曾下令每家门上都要贴一副春联，以示庆贺。原来春联题写在桃木板上，后来改写在纸上。桃木的颜色是红的，红色有吉祥、避邪的意思，因此春联大都用红纸书写。

除夕这一天，家家户户都要贴上红红的春联，一副副透着喜庆气氛的春联表达了人们迎新纳福、企盼新生活的美好愿望。

贴“福”字

除夕这一天，在门上贴“福”字，是我国民间由来已久的风俗。人们往往用一个“福”字来表达对福运、福气、幸福的向往和追求。每当辞旧迎新的时刻，家家户户都要把“福”字贴在屋门上，意味着福气进入家门。

在中国民俗传统中，大门上的“福”字都是正贴，有“迎福”和“纳福”之意。大门是家庭的出入口，一个庄重和恭敬的地方，所贴的“福”字要端庄大方，故应正贴。

许多地方还倒贴“福”字，利用“倒”与“到”的谐音，寓意“福到了”。民俗传统中，倒贴福字的地方一般是水缸、垃圾箱和家里的箱柜。

压岁钱

除夕守岁之时，长辈要给晚辈压岁钱，也叫压胜钱。因为“岁”与“祟”谐音，长辈们希望压岁钱能驱邪免灾，保佑孩子平平安安。压岁钱寄托着长辈对晚辈的殷切希望和深情关爱。

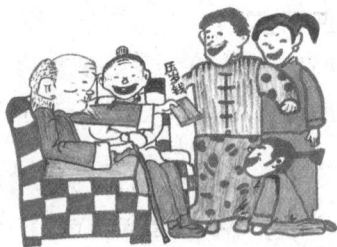

（西安市翠华路小学曲江分校 王佳裕）

祭　祖

祭祀祖先是除夕的一件大事。这一天在我国很多地方，全家人举行隆重的祭祀仪式，有的家庭会把家谱、祖先像、牌位等供于家中上厅，设立香案，摆放祭品，倒上美酒，家长率领子孙们叩拜，表达“慎终追远”的感情。祭祀仪式结束后，人们才开始享用年夜饭。

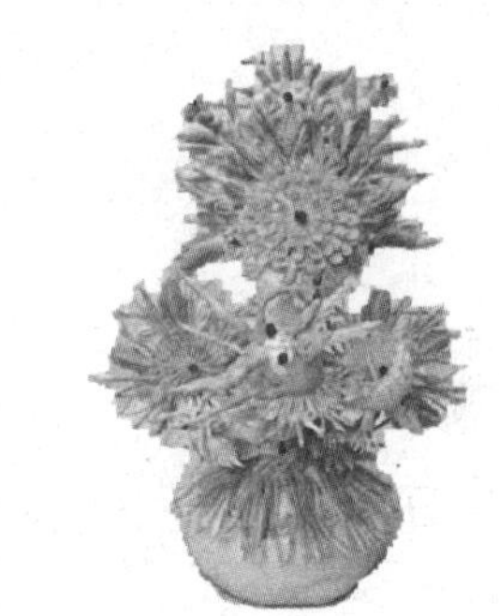

在陕西省合阳县用于祭拜祖先的花馍，名为“花顶顶”。从外貌上看，花顶顶像一棵大树，树干象征祖先，而树枝便象征着子子孙孙，寓意着逝者的子孙生活美好。

年夜饭

全家人在一起吃顿团圆饭是除夕的重要习俗。除夕夜的团圆饭也叫年夜饭，据南朝梁宗懔（lǐn）《荆楚岁时记》的记载，至少在南北朝时已有吃年夜饭的习俗。这一习俗被人们传承至今。

北方地区的年夜饭常包括水饺、鱼等。一家人聚在一起包饺子、话新春，其乐融融。除夕晚上开始下饺子，第一锅热腾腾的饺子出锅之后，先得摆供台祭祖。接着在自家的大门外燃放爆竹，一挂鞭炮放完，全家进门，按照辈分依次入座。主妇忙着上菜，美酒也上了桌，自然少不了饺子。鱼这道菜不能吃完，因为“鱼”和“余”同音，有“年年有余”的吉祥意思。南方许多地区的年夜饭则包括发菜、蚝豉（háo chǐ）、年糕等，因为“发菜蚝豉”与“发财好市”谐音，年糕则有“年年高升”之意。

除夕夜传统的座次是“尚左尊东”“面朝大门为尊”。首席为辈分最高的长者，末席为辈分最低者。

年夜饭是一年中最具亲情、充满温馨祥和的家宴。此时，人们不仅享受着满桌佳肴，更享受着浓浓的亲情和节日的喜庆。

守 岁

除夕之夜，大家终夜不眠，以待天明，称为“守岁”。古时守岁有两种含义：年长者守岁为“辞旧岁”，有珍爱光阴的意思；年轻人守岁，是为延长父母寿命。人们在守岁时所备的糕点瓜果，叫法还有讨口彩的含义，比如：

吃枣——春来早

吃柿饼——事事如意

吃杏仁——幸福人

吃长生果——长生不老

吃年糕——一年比一年高

关中特色美食——八大碗

“八仙桌，坐八客，食八菜。”关中“八大碗”是老陕人逢年过节必不可少的菜式，主要由黄焖鸡、小酥肉、粉蒸肉、枣方肉、带把肘子、风鸡、咸肉七个肉菜和唯一的素菜八宝饭组成，其中风鸡、咸肉是半成品。咸肉用来蒸饭，既解决了油大的问题，又让饭香四溢。风鸡不管是清炖还是白斩都特有嚼头。“肉多素少”显示了关中人豪爽、大气、实在。

第一行左起依次是:八宝饭、粉蒸肉、带把肘子、枣方肉；
第二行左起依次是：风鸡、黄焖鸡、咸肉、小酥肉

剪纸——巧手扮靓除夕

每到除夕，家家户户的窗户上会贴上剪纸，呈现出一道靓丽的风景。

陕西民间剪纸是一门古老的镂空艺术，从陕南到陕北，特别是黄土高原，八百里秦川，到处都能见到红红绿绿的剪纸。那古拙的造型，粗犷的风格，有趣的寓意，多样的形式，精湛的技艺，使得陕西的剪纸在全国的民间艺术中占有很重要的位置。

腰鼓打起来

秦腔吼起来

幸福似蜜甜

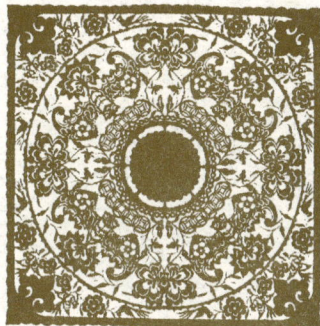

福在眼前团花

喜上眉梢

年年有鱼（余）

趣味闯关

第一关：关中美食知多少？

1.（　　）是老陕人逢年过节不可或缺的菜式，“肉多素少”显示了关中人豪爽、大气、实在。

A. 关中“八大碗”　B. 豆腐宴　C. 饺子宴　D. 羊肉泡馍

2. 右图的菜名是（　　）。

A. 糯米饭

B. 八珍饭

C. 八宝饭

D. 甜饭

第二关：关中民俗知多少？

1. 除夕这一天，家家门上贴（　　）、贴（　　），除夕夜则户户明灯高照，包饺子、放鞭炮，全家一起（　　）辞旧迎新。

A. 剪纸、“福”字、守岁

B. 春联、剪纸、守岁

C. 春联、“福”字、守岁

D. 剪纸、门神、吃年夜饭

2. 在除夕晚上吃饺子，一是取其谐音，（　　），辞旧迎新。二是取其吉形，因饺子酷似元宝，喻（　　）。

A. 更岁交子　招财进宝

B. 更岁交子　吉祥如意

C. 吉祥如意　招财进宝

D. 多子多福　吉祥如意

第三关：民间剪纸连一连。

喜上眉梢　　腰鼓打起来　　年年有鱼

韵味诗词诵读节日

除夜[①]作

（唐）高适

旅馆寒灯独不眠，客心[②]何事转[③]凄然[④]？
故乡今夜思千里，霜鬓（bìn）[⑤]明朝（zhāo）[⑥]又一年。

【注释】

①除夜：除夕之夜。

②客心：自己的心事。

③转：变得。

④凄然：凄凉悲伤。

⑤霜鬓：白色的鬓发。

⑥明朝：明天。

【赏析】

此诗写除夕之夜，游子家人两地相思之情。本诗首句看上去是写眼前景、眼前事，但是处处从反面扣紧诗题，描绘出一个孤寂清冷的意境。第二句用提问的形式将思想感情更明朗化。诗人写完第一、二句后，似乎要倾吐他此刻的心绪了，可是，他却撇开自己，从远方的故乡写第三、四句。这也正是诗人“千里思故乡”

的一种表现。诗人并没有直接表达对故乡的思念，而是表达的更加含蓄委婉。以乐景写哀，倍增其哀。羁（jī）旅寒灯之下的凄然与孤独，与最是欢乐的除夕之夜，形成强烈的反差。以又是一年之生命有限的无奈，与故乡千里的空间阻隔相对应，增其一倍的艺术效果。

除　夜①

（宋）文天祥

乾坤②空落落③，岁月去堂堂④。
末路惊风雨，穷边⑤饱雪霜。
命随年欲尽，身与世俱忘。
无复屠苏⑥梦，挑灯夜未央⑦。

【注释】

①除夜：此处指公元 1281 年 (元朝至元十八年) 除夕。

②乾坤：这里指天地，即空间。

③空落落：空洞无物。

④堂堂：跨步行走的样子。

⑤穷边：荒僻的边远地区。

⑥屠苏：酒名，古人元旦日合家团聚贺岁，饮屠苏酒。

⑦夜未央：长夜漫漫无穷尽。

【赏析】

这首诗写于文天祥生前最后一个除夕之夜。整首诗诗句平和，没有“留取丹心照汗青”的慷慨，只表现出大英雄欲与家人共聚一堂，欢饮屠苏酒的愿望，甚至字里行间中透露出一丝寂寞、悲怆的情绪。恰恰反衬出钢铁意志之下人的真实性，这种因亲情牵扯萌发的“脆弱”，更让我们深刻体味了伟大的人性和铮铮男儿的不朽人格。整首诗没有雕琢之语，没有琐碎之句，更无高昂的口号式咏叹。可是，我们仍旧感到心灵的一种强烈震撼。

名家名作感悟节日

过 年

丰子恺

腊月二十三日晚上送灶，灶君菩萨每年上天约一星期，二十三夜上去，大年夜回来。这菩萨据说是天神派下来监视人家的，每家一个。他们高踞在人家的灶台上，嗅取饭菜的香气。二十三这一天，家家烧赤豆糯米饭，先盛一大碗供在灶君面前，然后全家来吃。吃过之后，黄昏时分，父亲穿了大礼服来灶前膜拜，跟着，我们大家跪拜。拜过之后，将灶君的神像从灶台上请下来，放进一顶灶轿里。这灶轿是白天从市上买来的，用红绿纸张糊成，两旁贴着一副对联，上写："上天奏善事，下界保平安。"我们拿些冬青柏子，插在灶轿两旁，再拿一串纸做的金元宝挂在轿上；又拿一点糖塌饼来，粘在灶君菩萨的嘴上。这样一来，他上去见了天神，粘嘴粘舌的，说话不清楚，免得把人家的恶事全盘说出。

绝大多数人家二十七夜过年。所以这晚上商店都开门，直到后半夜送神后才关门。我约伴出门散步，买花炮。花炮种类繁多，我们所买的，不是两响头的炮仗和劈劈啪啪的鞭炮，而是雪炮、流星、金转银盘、水老鼠、万花筒等好看的花炮。其中万花筒最好看,然而价贵不易多得。买回去在天井里放，大可增加过年的喜气。我把一串鞭炮拆散来，一个一个地放。点着了火立刻拿一个罐头来罩住，"咚"的一声，连罐头也跳起来。我起初不敢拿在手里放，后来经乐生哥哥教导，竟胆敢拿在手里放了。两指轻轻捏住鞭炮的末端，一点上火，立刻把头旋向后面。渐渐老练了，即行若无事。

年底这一天，是准备通夜不眠的。店里早已摆出风灯，插上岁烛。吃年夜饭时，把所有的碗筷都拿出来，预祝来年人丁兴旺。吃饭碗数，不可成单，必

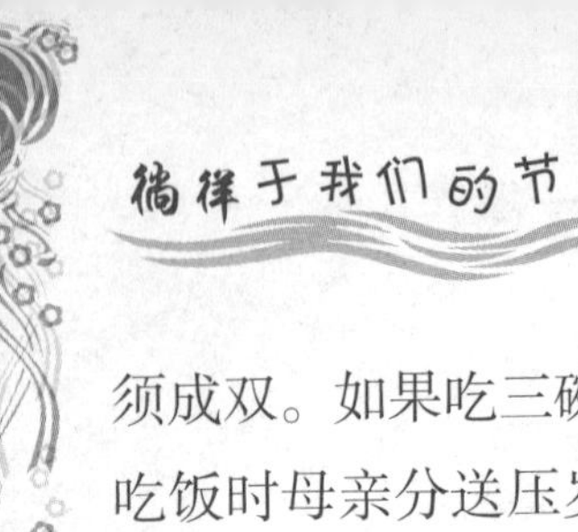

须成双。如果吃三碗，必须再盛一次，哪怕盛一点点也好，总之要凑成双数。吃饭时母亲分送压岁钱，我记得是四角，用红纸包好。吃过年夜饭，还有一出滑稽戏呢，叫作“毛糙纸揩（kāi）洼”。“洼”就是屁股，一个人拿一张糙纸，把另一人的嘴揩一揩，意思是说：你这嘴巴是屁股，你过去一年中所说的不祥的话，例如“要死”之类，都等于放屁。但是人都不愿被揩，尽量逃避。然而揩的人很调皮，出其不意，突如其来，哪怕你极小心的人，也总会被揩。有时其人出前门去了，大家就不提防他，岂知他绕个圈子，悄悄地从后门进来，终于被揩了去。此时笑声、喊声充满了一堂。过年的欢乐空气更加浓重了。

（本文节选自丰子恺的《过年》，有删改）

名作欣赏

本文以时间顺序描写了丰子恺在老家过年时那独特的年俗，“送灶”“毛糙纸揩洼”和“放鞭炮”的情景，像一杯别具风味的老酒，让人越品越香！

阅读时抓住文章中表示动作的词语，能够让我们更生动地感受到作者所要表达的情感。作者抓住“烧……盛……供……拜……”等人物的一系列动作，把“送灶”的过程展现在大家眼前。阅读“放鞭炮”的情景时，可以把自己融入文中体会作者当时的感受，还可以回忆自己在除夕放炮时那种愉悦而又刺激的心情。读一篇文章要分清重点内容和次要内容，抓重点内容可以帮助我们快速地掌握文章内容。

透过丰子恺真率自然、妙趣横生的文字，我们能够深深地感受到：过年在中国人的心目中的位置异常重要，也许正是基于对过往的怀念和对未来的憧憬吧！

我的视角

视角一：

据查阅，这篇文章丰子恺先生写于“文化大革命”期间，在那个十分压抑的气氛中，珍贵回忆的，却是儿时过年的热闹、愉快的场景。这也许并非一种心理抚慰，而是一种对生命光亮的追求。

视角二：

描写送灶，这一段通过人物一系列动作的描写，用朴实的语句，清清楚楚地把“送灶”的过程生动有趣地写了出来，我以后在习作中也要注意抓住人物动作来描述事件。

我的视角：

____

____

我的摘录

好词：

高踞　嗅取

____

佳句：

我们拿些冬青柏子，插在灶轿两旁，再拿一串纸做的金元宝挂在轿上；又拿一点糖塌饼来，粘在灶君菩萨的嘴上。

____

____

我的思考

1. 自读文章，想一想：在哪些日子丰子恺先生写到了哪些活动及风俗习惯呢？又有哪些词语和句子让你感触很深呢？试着点燃下面的爆竹吧。

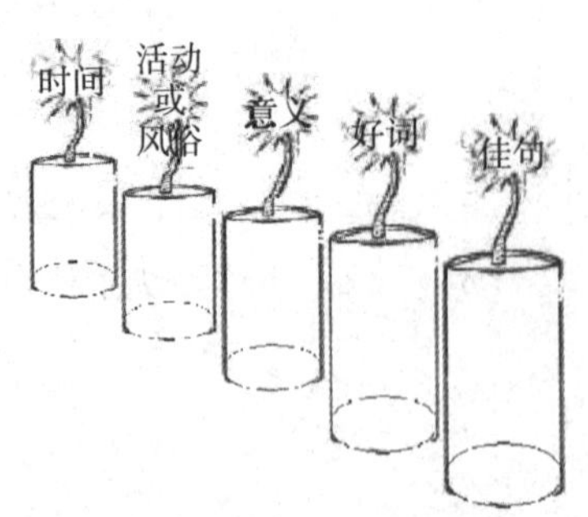

2. 提到著名漫画大师丰子恺先生，怎能错过他那充满了年味的漫画呢！用你充满发现的眼睛欣赏下面几幅关于过年的画作，你会有怎样的感受？又想起了那些人和事呢？你也可以动手画一画自己眼中的除夕夜，写一写你此时的感受。

笔下生花练写节日

说到除夕，剪窗花、贴“福”字、贴春联、包饺子、吃团圆饭、放烟花……那一幕幕热闹、喜庆、忙碌的情景你一定历历在目，就让我们选择这一天中一件有趣或有意义的事“妙笔生花”，运用情景交融的技巧，抓住人物的语言、动作、神态描写，抓住节日特点，侧重表现一个主要意思，再现事件，抒发自己的情感。

写作时，可以通过对景物的具体描写，含蓄委婉地表达自己的情感。

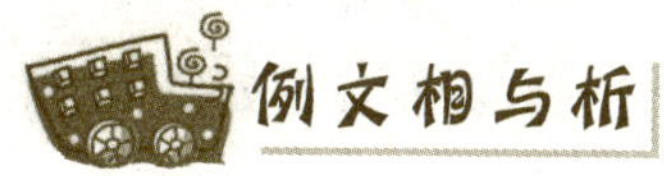

例文相与析

最是温暖"烧柏垛"

（西安市翠华路小学　郝培娜）

我很小就听奶奶讲"烧柏垛"的传说：小年腊月二十三，家乡有祭灶的风俗，"祭灶"就是送"灶王爷"的媳妇——"灶王奶奶"回娘家。传说灶王奶奶是玉皇大帝的小女儿，她贤惠善良，十分同情天下的穷人。她爱上了穷烧火的王爷——灶王爷，玉皇大帝得知后十分恼怒，就把小女打下凡间，跟那穷小子受罪，只准她每年腊月二十三回去一次，三十晚必须回到凡间。灶王奶奶深知百姓疾苦，常常借回娘家探亲的机会，从天上带些好吃的、好喝的分给穷苦百姓。所以除夕晚上，家家户户都会在自家院子烧起"柏垛"，此时贤惠善良的灶王奶奶会驾烟而归，和灶王爷一起过年并把从天上带来的好吃的、好喝的分给百姓。

一到年三十中午，我的家乡满山都是背着背笼砍柏树枝祈福的人们。人们早早砍回山峪两侧阳坡新鲜的柏树枝，回家在院子里围成大大的"柏垛"。

而母亲早早就着手准备团圆饭了。记得她"呼哧呼哧"地拉动风箱，熟练地给灶膛里填满柴火，灶膛里的火焰映得母亲的笑脸越发灿烂。她起身用深蓝色的围裙擦擦手，揭开八尺的大锅盖，顿时热气腾腾、香气扑鼻。刚出锅的红薯油糕色泽红亮，让人不由得想伸手偷吃一块；糯米丸子带着糯米的甜香味，沾满了新年的气氛；花卷上、馒头上、鱼馍馍点上红红的圆点；炸鱼与熏肉的家乡味弥漫整个农家小院。

饭菜准备好后，要先祭祖。把供品和特制的花馍馍供奉在祖先牌面前，全家集体磕头作揖。祭祖完毕大家一起动手，一桌丰盛的年夜饭端上了桌。这桌饭虽没有酒店年夜饭海味珍馐（xiū）、花色繁多，但它却拥有特别的味道：

吃着那甜甜的红薯油糕，我嚼出了爱的味道；吃着那黏黏的糯米丸子，我尝到了家的味道；吃着那黄亮亮的油炸豆腐萝卜烩菜，我周身洋溢着妈妈的味道；吃着那白白的红点花馍馍，我沉浸于团圆的味道……

酒足饭饱，爆竹声响，进入了除夕夜的高潮——“烧柏垛”。

除夕守岁零点刚过，震耳欲聋的鞭炮声还未停歇，大伯大声说：“走，去点柏垛火了。”女儿一手拿着挑火棍，一手拿着鞭炮，高高兴兴地和我们蹦跳着来到院子里，表弟拿着一把刚点燃的干柴，一下便塞在柏枝中。一点点地，原本绿油油的柏枝竟着了起来，伴着油脂燃烧的清香，跳动的火苗渐渐在黑暗中变得分外明亮。

此时，家家户户院子里都烧起了“柏垛”，火光闪闪、青烟袅袅。柏垛枝烧出的柏油滴到火上清脆的噼啪声，夹杂着大人、孩子的喧闹声、阵阵炮声……山村顿时沸腾起来！

火势慢慢变小，“柏垛火，用咱方言说，就是‘百多火’，从火上跨过，被火烤一烤，凶能化吉百病跑，能去掉一年的晦气。”母亲话音刚落，又对院中喊道：“跨过柏垛火，好事多多，好运多多！”女儿嬉笑着第一个响应，大步跨了过去，嘴里大喊着：“分数多多，分数多多……”弟弟也顺势越了过去，嘴里念叨着：“赚钱多多，赚钱多多……”侄子侄女也不落后飞快地跨了过去，嘴里都在祈福着明年的好事与好运。

“儿童强不睡，相守夜欢哗。”一旁，小侄女拍着手，围着火堆喊起来：“噢，红火，红火！”全家人都跟着笑着轻声附和起来：“红火，红火，红红火火……”全家人围着“百多火”，脸被映得红通通，身子被烤得暖洋洋，心里充满着喜滋滋。

“烧柏垛”温暖了我的记忆，“烧柏垛”装饰着我的梦想，“烧柏垛”带给我们幸福和力量。

例文相析会

主持老师：除夕是一年的最后一天，最后一个夜晚，是中国人最具生命情感的日子，此时此刻一定要和亲人团聚在一起。一家人枝叶相拥，忆往昔，享亲情。若除夕像一幅温情的画，那么除夕夜是这灵动的画卷中最点睛的一笔。它是火红的，充满了吉祥、喜庆。同学们，作者是如何来描述这个难忘的除夕夜的？

甲同学：从题目看，作者选取了除夕夜一个独特的视角——烧柏垛，在除夕夜“烧柏垛”这个习俗我没有听说过，加上“最是温暖”，很吸引我的眼球，我很想看下去。

乙同学：作者描写了燃烧的松柏枝、各样的家乡美食，不但体现了农村除夕的特点，也满含着全家人对来年美好生活的向往，这种情景交融的写作方法，突出了文章的内容和情感主题，凸显了节日特色。

丙同学：我也想写一篇与除夕夜有关的作文，我想使用情景交融的方法，通过写除夕我看到的不同景物，表现除夕带给我的热闹、喜庆的感觉。

佳作摘读

不管多么困乏，也不许睡觉，大人给孩子们说笑话，猜谜语，讲故事，这叫守岁。等到打更的人敲起梆子，梆声才能锅里下饺子，院子里放鞭炮，门框上贴对联，小孩子们在饺子上锅之前，纷纷给老人们磕辞岁头，老人要赏压岁钱，男孩子可以外出，踩着芝麻秸到亲支近脉的本家各户，压岁钱装满了荷包。

——摘自刘绍棠《本命年的回想》

除夕真热闹。家家赶做年菜，到处是酒肉的香味。男女老少都穿起新衣，门外贴上了红红的对联，屋里贴好了各色的年画，除夕夜家家灯火通宵，不许间断，鞭炮声日夜不绝。

——摘自老舍《北京的春节》

前庭后院挂满了灯笼，又是宫灯，又是纱灯，烛光辉煌，地上铺了芝麻秸儿，踩上去咯咯吱吱响，这一切当然有趣，可是寒风凛冽，吹得小脸儿通红，也就很不舒服。炕桌上呼卢喝雉，没有孩子的份。压岁钱不是白拿，要叩头如捣蒜。

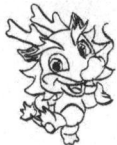

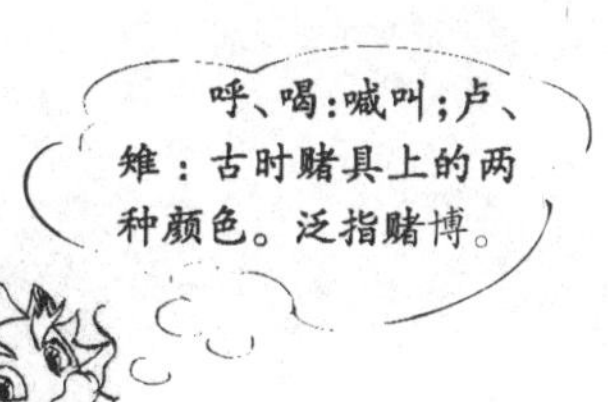

呼、喝：喊叫；卢、雉：古时赌具上的两种颜色。泛指赌博。

——摘自梁实秋《过年》

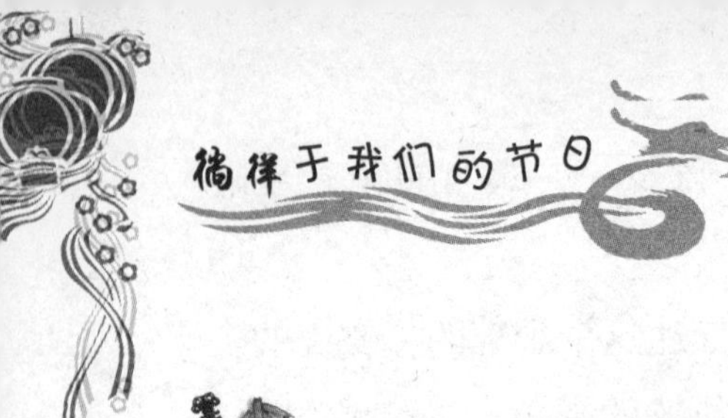

动手动脑体验节日

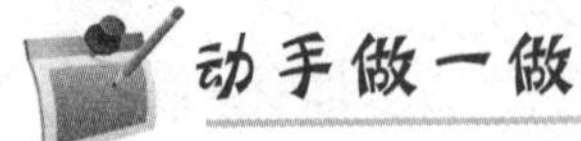

动手做一做

剪窗花

贴窗花，迎新年。新春佳节，人们都喜欢在窗户上贴上喜庆的窗花烘托节日气氛。同学们一起来剪窗花吧，把自己的小屋装饰得喜气洋洋。

制作内容：窗花

物料准备：彩纸、笔、剪刀

制作步骤：

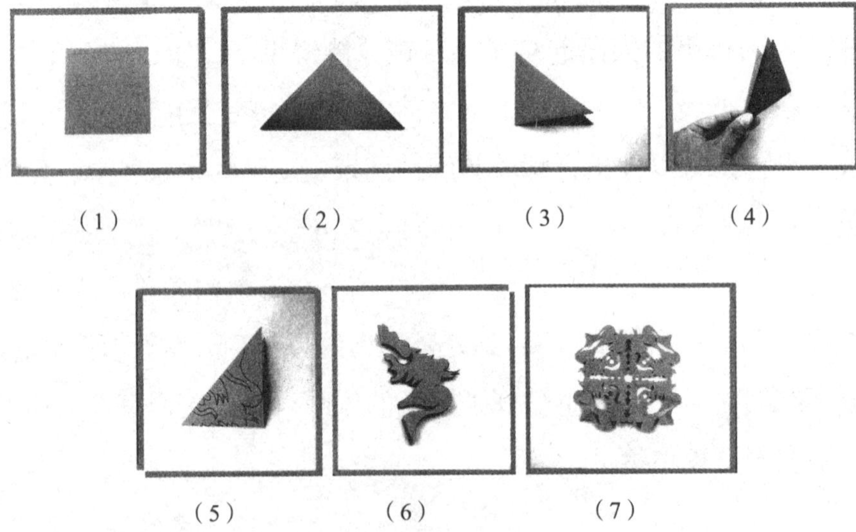

（1）（2）（3）（4）

（5）（6）（7）

（1）准备一张正方形的彩纸。

（2）彩纸对角对折。

（3）左右对折。

（4）右下角向上对折。

（5）在折好的彩纸上画上图样。

（6）剪下图样。

（7）展开剪好的图形，你就会看到漂亮的窗花啦！

注意事项：

①折叠好彩纸后再画图案。

②要沿着画好的线剪。

③展开剪纸作品时动作要轻，以免撕坏窗花。

活动谋一谋

除夕这一天，家家户户门上少不了一副副火红的春联。你知道如何选择春联？怎么贴春联？和谁赏春联吗？别担心！通过下面的活动，这些问题就迎刃而解了。

活动策划：

1. 宣布活动主题——选春联、贴春联、赏春联

2. 选择春联

（1）如何选择春联

①家有老人。一般选择祝福老人的春联，带“增岁”“增寿”美好祝福的。

②家有孩子。一般选择给孩子的祝福语，如“旭日东升”“展翅高飞”等带有美好祝愿的春联。

③体现追求。家人有远大的梦想或志向，可以选择与事业相关的，如“蒸蒸日上”“大展宏图”等就很衬景。

④测量尺寸。根据门的尺寸来购买春联，不要买得太宽，不好粘贴，也不要太窄，看着不大方。

（2）为家里选择合适的春联。

3. 张贴春联

（1）如何区分上下联。

从平仄上区分，上联的最后一个字为仄声（现代汉语中的三声和四声），下联的最后一个字为平声（一声和二声），如“纪”“好”为仄声，“天”“新”为平声。

从意境上区分，下联的意境一般比上联的意境深刻远大一些，如“雄鸡辞旧岁，灵犬迎新春”，“迎新春”就比“辞旧岁”的意境深刻些。

（2）贴春联的方法。

传统贴春联的方法是：面对大门时，上联在右，下联在左，横批文字顺序为从右至左。

（3）动手贴春联。

4. 欣赏春联

（1）诵读春联。

（2）赏析春联。

5. 摘录好联

6. 说一说、写一写活动的感悟

节日回望与思考

起源于岁末祭祀，又嵌入关于“年”的神话传说的除夕，显得那么庄严而神秘。

年尽岁除，人们不忘祭祀各路神灵，也不忘把先祖请回与家人团聚。浓厚的伦理观念与人情味使年最具中国特色和凝聚力。这种凝聚力作为中华民族的基因，是每一个中国人，都能真切地体验到血浓于水的骨肉亲情，从而产生一种强烈的认同感和亲和力。

1. 早期的人类，总是不能把自己和大自然分离开来，因无法驾驭它，把所有的自然都当作一种超凡的神力加以崇拜。试以除夕节为例，谈谈上古的祖先崇拜、神灵崇拜。

2. 神话产生于人类解释生命开端的需要。在读到“年”的传说时，注意找出自然现象的解释。

参考答案

第一章

趣味闯关

第一关：守岁、贴春联、剪窗花、吃饺子、吃年糕、吃年夜饭……

第二关：

春满人间欢歌阵阵	万水千山尽得辉
五湖四海皆春色	绿柳吐絮迎新春
红梅含苞傲冬雪	丰收报喜喜上眉梢
佳节迎春春生笑脸	福临门第喜气洋洋

第三关：恭 贺 新 春

我的思考

1.

时间	风俗习惯
腊月初旬到腊月二十三	熬腊八粥、泡腊八蒜、过小年
除夕	放鞭炮、吃团圆饭、守岁
正月初一	拜年、待客、逛庙会
元宵节	观花灯、放鞭炮、吃元宵
正月十九	春节结束

2.一串串鞭炮在人们手中点燃，声音真大，炮仗四处飞溅，仿佛要把祝福送到千家万户。耳中充斥着噼里啪啦的响声，眼里是热闹非凡的场景，我沉浸在春节的喜庆气氛中。

第二章

趣味闯关

第一关：1. 亥　2. 衍　3. 间　4. 淮　5. 胆　6. 企

第二关：1. 乘人不备　2. 一刀两断　3. 白玉无瑕　4. 一孔之见　5. 一衣带水　6. 好景不长

第三关：1. 黄蜂　2. 骆驼　3. 马

我的思考

1. 作者首先介绍了长辈屋里的玻璃方灯、琉璃灯、珠子灯，红琉璃泡子灯，它们明亮而温柔；接着介绍了上街挂起的走马灯，能转动，外面的典故人物很有趣；最后讲了孩子们动手制作自己的各种各样的灯：兔子灯、绣球灯、马灯、兔子灯，造型简单可爱，操作方便，很受孩子的喜爱。

2. 作者故乡的元宵节的冷清和寂寞体现在很多句子中，如："没有狮子、龙灯，没有高跷，没有跑旱船，没有'大头和尚戏柳翠'，没有花担子、茶担子……很多地方兴'闹元宵'，我们那里的元宵节却是静静的。"又如："街上掷骰子'赶老羊'的赌钱的摊子上没有人。六颗骰子静静地在大碗底卧着。摆赌摊的坐在小板凳上抱着膝盖发呆。年快过完了，准备过年输的钱也输得差不多了，明天还有事，大家都没有赌兴。"作者开头写不热闹的这种写作手法叫欲扬先抑，作用是产生对比，让人出乎意料。文章开头写不热闹是为了衬托后面的热闹，给读者带来意外的惊喜，激发阅读的兴趣。

3.

去年的元宵节夜晚，我和爸爸妈妈来逛灯会。进了大门，一组名为“唐僧取经”的花灯组合映入我的眼帘，这组灯的设计取自于大家熟悉的神话故事《西游记》。只见唐僧身披鲜红袈裟，手握禅杖，扬鞭催马；孙悟空手握金箍棒，火眼金睛，勇往直前；猪八戒肩扛钉耙，挺着大肚憨态可掬；沙和尚挑着担子紧随其后，任劳任怨。他们师徒四人神采各异，栩栩如生，令人叹为观止。

下了车，我和姐姐迫不及待地跑了进出，哇！太美了，到处张灯结彩，一个个可爱的“孩子灯”不停地向我们点着头，好像在欢迎我们的到来。湖中白塔前有一幅“九龙图”灯，上面雕着九条栩栩如生、活灵活现的飞龙。听讲解员说那些龙全是用糖做的，一听到糖，我兴奋极了，真想扑上去舔一口。真佩服那些能工巧匠们的杰作！

第三章

趣味闯关

第一关：B

第二关：

踏实工作　　不减势头
实事求是　　不争彩头
奋发有为　　不出风头
头脑清醒　　不栽跟头

第三关：C　A　B

我的思考

1. 因为“我”与妈妈相依为命，“我”非常理解妈妈的痛苦，不愿再给妈妈增添更多的痛苦。

2. 我可以不时地抬头看看天空中叽叽喳喳飞过的小鸟，树上绽开的杏花，蓝天上白色的云朵。田野、小鸟、花儿和蓝天、白云这些美好的景物都和荠菜联系在一起，表现出“我”的欢乐、自由、幸福及坦然的心情。

第四章

趣味闯关

第一关：1. A　2. B

第二关：

等闲识得东风面　　祓禊乃为荣
儿童散学归来早　　万紫千红总是春
徒记山阴兴　　忙趁东风放纸鸢

第三关：风筝飞满天，快乐无止境！放飞风筝，放飞理想，放飞美丽的心情！

我的思考

1.

民族	风俗习惯
汉族	吃青蒿粑粑、"地地菜"煮鸡蛋
布依族	杀猪祭社神、山神，吃黄色糯米饭
畲族	吃乌米饭
瑶族	举办歌节，唱序歌、茶歌、散歌、诉苦歌和谢仙歌
壮族	赶歌圩、搭歌棚，举办歌会，对歌、碰蛋、抛绣球

2. 例如：

三月三这天，阳光明媚，春风轻拂，正是放风筝的好日子。我兴冲冲地拿着我的风筝，和爸爸妈妈一起到郊外去放。刚开始，风筝总不听我的话，老是飞不起来。后来，我静下心来，在爸爸妈妈的帮助下，我的风筝终于飞起来了。放风筝真有趣呀！三月三这天，我感觉特别快乐！

第五章

趣味闯关

第一关：1. 清明节　2. 寒食节　3. 踏青　4. 放风筝

第二关：1. D　2. C　3. ACD

第三关：清风明月本无价，近水遥山皆有情，睹物思亲常入梦，训言在耳犹记心。

天堂有花，而你是最晶莹剔透的那一株白玉兰。朋友，一路走好！

松柏翠，碧草鲜，心香一炷寄思念；缅英烈，含泪眼，长留追忆天地间。

我的思考

1. 第一句话除了表层的意思外，还暗含着两岸统一、祖国以一个完整的形象重现于世界的愿望难以实现的意思。

2. 诗中的江南不仅珍藏着他的少年时代，而且也象征着母亲，象征着祖国，象征着中华民族悠久的文化，诗人由怀旧而怀古，抒发的是一种以民族灿烂古文化为精神背景的文化乡愁。

第六章

趣味闯关

第一关：端阳节、重午节、五月节、龙舟节、浴兰节、粽子节、女儿节、诗人节等。

第二关：吃粽子、赛龙舟、戴香囊、涂雄黄、挂艾草、拴五彩丝线等。

第三关：路漫漫其修远兮，吾将上下而求索。(《离骚》)

举世皆浊我独清，众人皆醉我独醒。(《渔父》)

吾不能变心以从俗兮，故将愁苦而终穷。(《涉江》)

长太息以掩涕兮，哀民生之多艰。(《离骚》)

我的思考

1. 第一个场面写茶峒人倾城而出到河边观看划船；第二个场面写划船前的准备、船上赛手的配置和龙舟竞渡的盛况；第三个场面写划船竞赛的优胜者领赏和军人放鞭炮庆贺的情景。

2. 时间顺序；表现了人们奋发向上、合作争先、积极上进的精神。

第七章

趣味闯关

第一关：拜织女　穿针乞巧　迎仙　拜魁星　吃巧果　贺牛生日　晒书

第二关：1. B　2. C　3. A　4. B

第三关：两情若是长久时 —— 又岂在朝朝暮暮

迢迢牵牛星 —— 皎皎河汉女

有缘千里来相会 —— 无缘对面不相逢

在天愿为比翼鸟 —— 在地愿为连理枝

我的思考

1. 七夕节的文化内涵是乞巧，祈求自己聪慧、心灵手巧；对美好、自由爱情的向往。

2. 略。

第八章

趣味闯关

第一关：月夕、秋节、八月节、八月会、追月节、玩月节、拜月节、女儿节或团圆节。

第二关：赏光 、水袖 、观光 、仰光

第三关：嫦娥一号 —— 标志着中国成为第五个发射月球探测器的国家

嫦娥二号 —— 创造多项“世界第一”

嫦娥三号 —— 携带“玉兔号”月球车

我的思考

1. 文章的语言表达特点有：语言朴素自然、通俗明了。如北平的菊种之多，式样之奇，足以甲天下；京腔京韵浓郁如“只供闻香儿”“一毛钱儿耶”“小嫩白梨儿”“兔儿爷”“剃头挑儿”等；诙谐幽默饱含感情如：歌声在香气中颤动，给苹果葡萄的静丽配上音乐，使人们的脚步放慢，听着看着嗅着北平之秋的美丽。

2. 这句话是本文的主旨，运用了比喻的修辞手法，把中秋时节的北平比作了人间天堂。生动形象地写出了中秋前后京城市井繁华的景象，表现百姓对中秋充满美好的期盼和对未来充满必胜的信心，表达了作者对北平的热爱及对北平之秋的赞美之情。

第九章

趣味闯关

第一关：旮旯（gā lá）　晶　晚安

第二关：略。

第三关：重阳、登高山、吟、唱、看菊花、笑、舞、笑哈哈

我的思考

1. 闻一多将蔷薇和紫罗兰这两个物种作为西方文化符号，蔷薇充满“热欲”，紫罗兰又过于卑贱，代表着两种极端，是闻一多想要摒弃的。而菊花因为其高洁的品质，成为中华民族文化的整体精神的

代表，是沉浸在现代物欲中的西方文明难以比拟的。

2. 例如，借圆圆的月亮抒发自己对家乡亲人的思念之情。

3. 白色菊花被称之为“银丝串珠”“空谷清泉”“珠帘飞瀑”“月涌江流”；黄色的有：“黄莺出谷”“混金狮子”“沉香托桂”；绿色的有：“平洒绿燕”“绿阳春”“绿柳垂阴”“春水绿波”；白色微绿的称“玉蟹冰盘”；红色中夹白的叫“枫叶芦花”，红白绿三色的名为“三色牡丹”、“绿衣红裳”……

第十章

趣味闯关

第一关：略。

第二关：1.21　23　2. 白天　3. 九九　4. 极夜

第三关：天坛盛祭：古时候，冬至这天天子到天坛祭天地，求得来年风调雨顺。

阳长阴消：从冬至这一天开始阳气上升，阴气渐渐减弱，天气渐渐暖和。

昼短夜长：从冬至这天起白天慢慢变长，黑夜慢慢变短。

数过九九，春来燕至：从冬至这天起就进入了九九，九九八十一天过后，春天就来到了。

我的思考

1．“黑色的藤条变青了，干硬的树枝变软了……指甲盖大的紫红色的小叶子。”从这些语句中可以看出冬至的梦是对生命热爱的梦，是温暖的梦，是希望的梦。

“爷爷的旧墙壁上总会挂起一张白色的梅花图…… 你们可以换下厚厚的棉衣了。”从这些语句中可以看出冬至的梦是一个等待的梦，难熬的梦，是对春天向往的梦。

“我多么向往明朗的温暖的春天！我更依依地怀念那无数个漫长的冬夜里曾经做过的温暖的梦！…… 是一夜间就甜透了整个农家的冬米糖的梦……”从这些语句中可以看出冬至的梦是一个让人怀念的梦，是温暖的梦，是植物渴望长大的梦，是风筝渴望自由的梦。

2. 仿写：不信你拨开积雪或扒开泥土仔细地看看吧：长长的柳条泛青了；迎春花的枝头饱胀了；幽香的梅花绽放了……

第十一章

趣味闯关

第一关：略。

第二关：B　D

第三关：

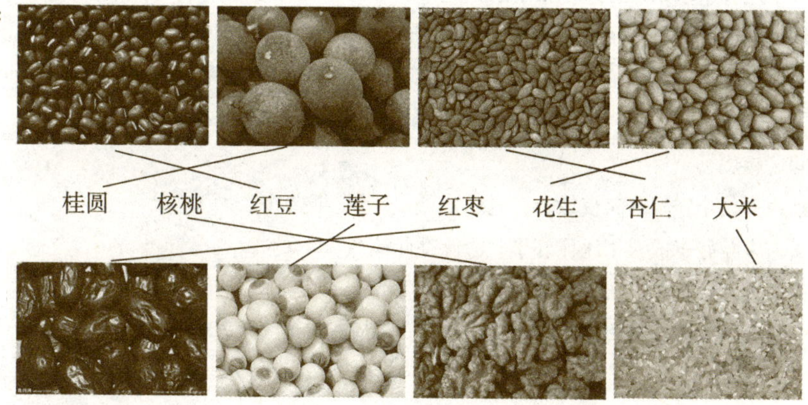

我的思考

1.

煮腊八粥的人物	代表的意义
佛寺僧人	十八种干果代表十八罗汉，煮粥供佛
我的母亲	纪念她的母亲（我的姥姥）
第三代孩子们	纪念周总理，各种豆子代表中国青年的紧密团结

2. 例如，第三代的几个孩子说:“姥姥，以后我们每年还煮腊八粥吃吧！妈妈说这腊八粥可好吃啦。您从前是每年都煮的。”从孩子们的语言中可以了解到煮腊八粥是这个家庭的传统，这一习俗代代相传，传递的不仅是腊八粥的滋味，更是人与人之间的情感。

第十二章

趣味闯关

第一关：1. A 2. C

第二关：1. C 2. A

第三关：

我的思考

1. 时间：廿七夜、后半夜

活动或习俗：送神、买花炮、放鞭炮

意义：送神祈求来年好运；孩子放鞭炮借以欢庆节日

好词：种类繁多 行若无事 喜气 劈劈啪啪

佳句：两指轻轻捏住鞭炮的末端，一点上火，立刻把头旋向后面。渐渐老练了，即行若无事。

时间：年底

活动或习俗：守岁吃年夜饭、分送压岁钱、“毛糙纸揩注”

意义：来年好事成双；压住邪祟、去除往年晦气

好词：通夜不眠 人丁兴旺 突如其来 浓重

佳句：此时笑声、喊声充满了一堂。过年的欢乐空气更加浓重了。

2．欣赏完这几幅画作，我眼前不禁浮现出除夕夜和爸爸放鞭炮时的情景。

子时钟声响起，我和爸爸妈妈一起到楼下放鞭炮。爸爸拿出一盒烟花，点燃了引火线，只听“砰！砰！砰！”这声音震耳欲聋，只见一颗颗亮点直窜上天空，随即飘洒下来。哇！好似孔雀开屏，又如天女散花，还像一把把五彩缤纷的花伞。一会儿满天金灿灿的，犹如丰收的稻谷撒满天；一会儿满天红艳艳的，好似夕阳时晚霞铺满天。真是美丽极了！接着，我们还放了像长棍的连珠炮，一个一个连珠炮就像炮弹冲向天空，又像颗颗珍珠洒落人间。此时此刻，天空中绽放的烟花已经数不胜数了，朵朵美不胜收，让人目不暇接。此起彼伏的烟花似在争奇斗艳，又像在展示着人们日新月异的美好生活。